儿童礼仪课

ERTONG LIYI KE

蔡少惠◎编著

中国纺织出版社有限公司

内容提要

"不学礼,无以立""你的礼仪价值百万",成长期的儿童不仅要努力学习科学文化知识,更要知晓礼仪,凡事遵从礼仪,只有这样,儿童的行为才能自信而得体,综合素养才能提高。

本书从"礼仪"这一点出发,为成长中的儿童全面、系统地归纳、阐释了他们必须懂得和学习的礼仪常识,内容涉及方方面面,旨在全面、系统地指导儿童提升修养,进而帮助父母培养有涵养、有素质、有礼貌的好孩子!

图书在版编目(CIP)数据

儿童礼仪课 / 蔡少惠编著. ——北京:中国纺织出版社有限公司,2022.7
ISBN 978-7-5180-8613-9

Ⅰ. ①儿… Ⅱ. ①蔡… Ⅲ. ①礼仪—儿童读物 Ⅳ. ①K891.26-49

中国版本图书馆CIP数据核字(2021)第110429号

责任编辑:闫 星　　责任校对:高 涵　　责任印制:储志伟

中国纺织出版社有限公司出版发行
地址:北京市朝阳区百子湾东里A407号楼　邮政编码:100124
销售电话:010—67004422　传真:010—87155801
http://www.c-textilep.com
中国纺织出版社天猫旗舰店
官方微博 http://weibo.com/2119887771
三河市延风印装有限公司印刷　各地新华书店经销
2022年7月第1版第1次印刷
开本:880×1230　1/32　印张:5
字数:103千字　定价:49.80元

凡购本书,如有缺页、倒页、脱页,由本社图书营销中心调换

  自古以来,中国就是礼仪之邦,凡事从"礼"出发,是我们约定俗成的行为规范,"不学礼,无以立"更是我们对礼仪重视的真实写照。现代社会,礼仪依然渗透在我们生活中的方方面面。所谓礼仪,是在人际交往中,以一定的、约定俗成的程序方式来表现的律己敬人的过程,涉及穿着、交往、沟通、情商等内容。从个人修养的角度来看,礼仪可以说是一个人内在修养和素质的外衣,体现了一个人的精神面貌和学识、素质等。从交际的角度来看,礼仪可以说是人际交往中适用的一种艺术、一种交际方式或交际方法,是一种对人尊重和礼貌的约定俗成的表达方式。

  在现代社会中,礼仪的重要性更是不言而喻,甚至高过学问,高过能力。只有懂得礼仪并能遵守礼仪的人,才会受到他人的尊重,赢得他人的欣赏和信任,从而更易抓住机遇,成就自我。

  家长应当趁早让儿童掌握一些礼仪知识,这是他们立身处世的基本要求,也是畅行社会的基本能力。因为我们的孩子早晚要离开学校,步入社会,试想,一个不懂礼仪的人,怎么可能获得他人的尊重,怎么可能担当重任。孩子不懂礼仪,只会处处"献丑",甚至一个失礼的细节都可能毁掉他的大好前程,让他追悔莫及,反之,生活在现代社会,拥有良好的礼仪,无疑会让孩子拥有更多砝码。所以,对于儿童来说,学习礼仪是学习其他知识的基础。

在物质文明获得极大发展的今天，一些家庭没有注重对儿童精神文明的培养，一些不文明的行为在很多儿童身上存在，例如：在家中，总是使唤爸爸妈妈为自己端茶倒水；在校园内、操场上，总是有孩子随地扔垃圾；再比如，在走廊上，有的儿童追逐打闹，走路推推搡搡；在教室墙壁上，他们随手涂鸦；还有的孩子讲脏话、粗话，甚至随意破坏校园公物。这一举一动，都是缺乏素养的表现。

儿童的礼仪教育和培养，需要从小开始。"三岁看小，七岁看大""小而不为，老来何为？"父母在努力让儿童学习科学文化知识的同时，更要尽早对儿童进行文明礼貌的教育。

当然，我们对儿童的礼仪教育，要从小处落墨。本书正是一本将儿童礼仪教育贯彻到儿童生活和学习各个方面的全面指导用书，内容涉及仪表形象礼仪、谈吐礼仪、家庭礼仪、用餐礼仪、接待礼仪、拜访礼仪、馈赠礼仪、校园礼仪和公共礼仪等各个方面，帮助家长教导儿童掌握一定的行为规范，提高孩子的礼仪修养，帮助他们获得良好的社交形象和人际关系！

编著者

2021年12月

第01章 "有礼"走天下，儿童的礼仪教育越早越好 ‖ 001

- 002 三岁看大，七岁看老，儿童的礼仪教育越早越好
- 006 无规矩不成方圆，教育儿童从小要有规矩
- 009 孝敬父母是培养儿童各种礼仪的首位
- 013 诚信第一，让儿童从小做一个诚实的人
- 017 告诉儿童，勤俭节约更是一种礼仪

第02章 儿童形象礼仪，让孩子始终保持整洁的外貌 ‖ 023

- 024 搞好个人卫生，做个干净精神的好孩子
- 027 引导儿童学会微笑示人
- 030 穿衣有讲究，干净合身是根本
- 035 站有站相、坐有坐相，训练儿童挺拔的身姿
- 039 行如风，训练儿童正确的行姿

第03章 儿童语言礼仪，好孩子言谈得体人人夸 ‖ 043

- 044 定语言礼仪，从小培养儿童优雅的谈吐
- 047 杜绝儿童说脏话，培养出文明礼貌的孩子
- 051 礼多人不怪，教会儿童说些"礼貌"话

054　　引导儿童学会恰当得体地自我介绍
058　　让儿童学会恰当地称呼他人

第04章　儿童素养礼仪，

内在个性和习惯造就非凡少年 ‖ 063

064　　培养儿童豁达的性格，心胸宽广的儿童更受欢迎
068　　教儿童学会文明礼让
071　　一诺千金，诚实守信是儿童最宝贵的品质
074　　告诉儿童心中有他人是一种良好情感和基本礼仪
079　　谦虚的儿童更显教养

第05章　儿童家庭礼仪，

让孩子明白对亲近的人也要讲礼 ‖ 085

086　　告诉儿童对待家人也要讲礼仪
089　　引导儿童体会父母的辛苦
092　　让儿童明白做家务不是妈妈的义务
096　　告诉儿童在家进他人房间也要先敲门

第06章 儿童学校礼仪，"懂礼"的孩子在学校更受欢迎 || 101

- 102 儿童需要掌握的校园着装礼仪
- 106 遵守课堂纪律，是最基本的校园礼仪
- 110 告诉儿童要尊敬和爱戴老师
- 112 告诉儿童，挑老师的错也要把握分寸
- 116 告诉儿童不要随便给同学起绰号

第07章 儿童拜访礼仪：让孩子做个有教养、受欢迎的小客人 || 121

- 122 让儿童了解几点参加他人宴会的礼仪准则
- 125 告诉儿童走亲访友时的做客礼仪
- 129 儿童需要学习的春节拜年礼节
- 133 告诉儿童探望病人的注意事项
- 136 探望病人应该送什么礼

第08章 儿童接待礼仪：教导孩子让他人宾至如归 || 139

- 140 教育儿童做个热情好客的小主人
- 143 告诉孩子用真诚和热情接待来客

145　φ　告诉儿童有礼节地接待客人，先要准备充分
148　φ　如何引导孩子与小客人友好相处

参考文献　‖ 152

# 第01章

"有礼"走天下，儿童的礼仪教育越早越好

作为父母，我们都知道，儿童成长、成才过程中，社会交往能力是他以后生存的重要能力，社会交往能力强的人更容易走向成功。随着社会的进步，孩子的成长环境越来越优越，生活内容也非常丰富，这使儿童有了更多在外表现的可能。作为父母，要抛弃担心和成见，鼓励儿童与人交往，帮助并引导他们结识朋友，建立纯真友谊，让他们走出狭小的自我空间，在与朋友的相处中感受温暖和愉悦，在心与心的交往中丰富自己的情感世界。

三岁看大,七岁看老,儿童的礼仪教育越早越好

生活中,在不少家庭里面,可能经常会出现这样的场景:家中有客人来做客,父母要招待,让孩子自己玩去,但孩子好像完全不听话,不但不乖乖自己玩,反而将客人推来推去,或者大人说话他时不时插几句,再或者打翻茶杯;饭桌上,一家人围坐在一起吃饭,孩子把筷子伸到奶奶面前的盘子里乱挑……对于这些孩子的表现,我们很容易联想到一个词——"礼仪",很明显,这些孩子是缺乏教养和礼貌的。

作为父母,我们深知让孩子学习文化知识的重要,但更为重要的是对孩子进行素质教育,一个孩子是否在幼年养成良好的行为习惯,对其一生有着重要影响。并且,对儿童进行礼仪教育越早越好,"三岁看大,七岁看老"并不是没有道理的。因此,教育心理学家认为,孩子文明礼仪和良好行为习惯的养成,离不开幼儿期的教育培养。

不过有不少父母认为,对儿童的行为习惯培养,最好等孩子成长到一定阶段、有了一定的自我认识和意识后再进行。其实不然,随着年龄的增长,人对周围的环境会越来越适应,身体机能也随之发生了相应的变化,内在能力会逐渐消失。因此,专家建

"有礼"走天下，儿童的礼仪教育越早越好 第 01 章

议，父母要重视早期礼仪教育，最好在孩子0岁时就开始。

然而，我们发现在现代社会中，幼儿文明礼仪教育缺失的问题相当严重。

当然，也有一些注重儿童早期礼仪教育的父母，在生活中，他们对孩子进行言传身教，让孩子懂规矩、有教养。有位妈妈这样谈到自己五岁的女儿：

周五是我们几个好朋友聚会的日子，因为周六大人不上班、孩子也不上学。周五下班后，我去学校接了女儿，然后来到了饭店。

当时菜已经端上桌了，不过有两个同学上班的地方比较远，所以还没到。女儿说自己饿了，我告诉女儿，小孩子要有礼貌，要等两位阿姨来了才能一起吃，小家伙点点头说："哦，知道了妈妈。"

还有一次，我带女儿去参加我所在公司的颁奖典礼，我叮嘱她不要在会场跑来跑去，也不要大声喧哗。当我站在领奖台上发言的时候，我朝着底下看了看，看到女儿在笔记本上用笔不停地画着什么，仿佛根本没有听见热烈的掌声，女儿的懂事让我很欣慰。

对于案例中的第一种情况，相信不少父母会让孩子先吃。其实孩子是最会察言观色的，如果此时父母生怕自己孩子饿得慌，接下来的画面就是"宾客尚未到齐，所有菜碟已被挑选一遍"，这样的情景并不少见。而对于第二种情况，相信不少孩

子会在会场跑来跑去,要不然就是大声喧哗,这些都是缺乏礼仪的表现。

可见,孩子的礼仪教育要趁早,父母不能认为两三岁的孩子什么也不知道,就想等长大了再教。如果你是细心的父母,仔细去观察就会发现,其实三岁的孩子懂的事和会做的事多得超乎预料。只是很多时候,父母在潜意识里以孩子年纪尚小为由回避了教育孩子。

父母对孩子进行早期礼仪教育时,需要注意以下几点。

1.从小抓起

这一点包括两个方面的含义。一方面是要从孩子小时候抓起,孩子的习惯都是从小养成的,所以当孩子开始懂事时就要注重培养孩子的礼仪;另一方面是要从小事抓起,将礼仪教育贯穿于日常生活中的每一个细节。

2.在日常生活中告诉儿童一些礼仪知识

通过言语方式告诉孩子一些关于礼仪方面的礼节和仪式。例如,在什么场合的言行举止应当注意哪些问题,应当做到哪些方面以及不应当出现哪些言行,等等。

3.家长在平时以身作则,为儿童做一个榜样

家长是孩子最好的老师,孩子都是聪明的,他们在很小的时候就已经学会模仿家长的行为了。父母如何待人处事,孩子也会学,礼仪方面更是如此。所以,要达到对孩子进行礼仪教育的目的,家长首先应该懂得礼仪、平时就能以身作则,为孩

"有礼"走天下，儿童的礼仪教育越早越好 第 01 章

子树立一个好的榜样。

例如，当带孩子坐公交时，家长就应当主动将自己的座位让给老人、孕妇或身患疾病的人；当给他人造成困扰或损害时，应当主动向对方赔礼道歉。再例如，去车站买票、去商场购物付款时，就应当主动、自觉地排队；去银行存取款时，就应当主动在一米警戒线以外排队等候。

英国著名教育家、哲学家洛克认为："一切知识起源于经验。"法国大教育家卢梭更是明确地告诫我们说："在达到有理智的年龄以前，孩子不能接受观念，而只能接受形象。"因此，在儿童文明礼仪行为习惯的培养中，我们要避免从前唠叨、训斥的做法，更加注重累积孩子的感性经验，丰富孩子的精神世界，让孩子乐于注重自己文明礼仪的培养，将好的行为

习惯渗透到孩子的骨子里去。

总之,文明的礼仪和行为习惯应体现在孩子的生活中,通过各种适宜的形式内化为孩子的一种意识,一种生活方式,最终成为儿童的生活习惯。良好的习惯一旦形成,将让孩子终身受益。

无规矩不成方圆,教育儿童从小要有规矩

"无规矩不成方圆",规矩就是"礼",规矩的养成对孩子的成长非常重要,影响着他们的生活与学习。家长们通常都认为规矩就是对孩子的要求,对他们的一种控制与约束。其实规矩对孩子来说还是一种指引,能够带给他们安全感与力量。

父母在教育年纪较小的孩子时,对他们讲很多道理,他们并非全部都能听懂,犯错时你讲的道理再合适,他们也都不明白。只有让他知道,他那样做会受到惩罚,他才能记住,这就需要从小让孩子懂规矩,以下是几点孩子必须从小养成的规矩。

1.粗野、粗俗的行为和语言习惯不能有

生活中,我们发现有一类孩子总是出口成脏,语言粗鄙,"良言一句三冬暖,恶语伤人六月寒"。如果养成出口成脏的习惯,即使是无心的一句口头禅,也可能会对今后的学习和工作带来沉重的影响。

"有礼"走天下,儿童的礼仪教育越早越好

还有一类孩子,他们喜欢使用暴力手段,强迫别人服从自己的意志;用语言对他人进行攻击、胁迫,来实现自己的愿望。但是这样的做法是绝对不可取的!

如果孩子出现了粗俗的言行,父母应该怎么做呢?首先,要帮助孩子明辨是非,明确地告诉他:"以后不能这样做了,这是粗野的行为,是要挨批评的!"然后家长要引导孩子,让孩子自己反省,想出更好的办法来处理这样的事情。

这样的做法能帮助孩子调整自己的情绪,学会如何对待自己的问题,如何处理自己的情绪等。在这个过程中,孩子会不断调整对事物的看法和自己的心态。等他长大后,他也会用这套模式去对待周围的人,变得更加理性、为他人着想。

2.不可随便拿他人东西

六岁前的孩子的自我意识才刚刚萌芽,往往很难区分自己和他人,更不懂得分辨什么东西是自己的,什么东西是别人的。所以只要是自己喜欢的东西,他就会毫不犹豫地伸手去拿,觉得"拿到我手上就是我的了"。

在这个时候,家长们应该有意识地帮助孩子建立自我意识,可以拿着大人的衣服和孩子的衣服告诉他:"这一件是你的,这一件是爸爸的,这个是妈妈的。"帮助他认识自己与他人的界限,等孩子已经能分清自己和他人的区别的时候,爸爸妈妈也要刻意地多向孩子提问:"这是你的吗?"让他独立判断,并给他立下规矩,不能动别人的东西。

这样的规矩可以帮助孩子更好地区分"你的""我的",知道不是自己的东西就是别人的,别人的东西不能拿,而"我的"东西一定归我支配,形成物权概念。

3.不可以随意打扰别人

当孩子遇到好的事情,比如受到老师表扬了、交到一位新朋友等,总会很兴奋地想要把它告诉爸爸妈妈,无论爸爸妈妈在做什么事情他们都会毫不犹豫地打断。而且现在许多父母都是"孩子第一"的心态,所以常常允许孩子在任何时候打断自己讲话,还会高兴地回应孩子。这样的态度容易让孩子养成不顾一切打扰别人的习惯,长大以后可能会以自我为中心,很难在集体中生活。

如果发现孩子有这样的坏习惯,爸爸妈妈要在平时生活中有意识地帮他改正,告诉他:"随便打扰别人是很不礼貌的,如果你在睡觉,小朋友老是过来跟你说话,你会高兴吗?"

家长要心平气和地引导,让孩子学会换位思考,让他知道被别人打扰是很不开心的事情,然后再给他立下规矩。这样的规矩能让孩子学会尊重他人,让他懂得当别人在忙的时候不应该去打扰他人,而且孩子在这个过程中学会了换位思考,也会变得更加善解人意,这样更容易交到更多好朋友。

4.做错事要道歉,并且有权利要求他人道歉

家长们疼爱孩子,总觉得孩子还小就处处让着他,就算孩子犯错不道歉,爸爸妈妈也会一心软就原谅他了。这样的处理

"有礼"走天下,儿童的礼仪教育越早越好 第01章

方法会让孩子觉得"做错事也没什么大不了的,反正爸爸妈妈都会原谅我",孩子没有了约束,难免会为所欲为,日后犯更多更严重的错误。

父母需要从小就教孩子,做了错事要道歉,才能成为懂礼貌的好孩子。在孩子犯错的时候,除了教育他之外,可以要求孩子对自己说一声对不起。如果是爸爸妈妈错怪孩子了,也要向他道歉,给孩子树立一个好榜样,跟孩子一起遵守规矩。

这样的规矩能让孩子学会礼貌待人,诚实地面对并且有勇气主动承认错误。在这个过程中,孩子不仅学会了反省自己,也开始懂得维护自己的权利了。

当然,在立规矩的时候,家长要以身作则,为孩子树立榜样。如果孩子做不到,家长需要告诉他哪里做错了,一定要让他自己重复一遍自己什么地方做错了,做错的原因,这样才能记住。

孝敬父母是培养儿童各种礼仪的首位

中国人常说,百善孝为先。孝敬父母是所有优良品质的基础,一个对自己长辈都不尊敬、不善待的人,会是有爱心的人吗?因此,父母要培养儿童良好的礼仪,第一步就是孝心的培养。然而,现代社会中的很多家庭就只有一个孩子,全家人围着孩子转,在这样的模式下,很容易造成儿童唯我独尊、以

自我为中心的现象,孩子孝敬父母的意识淡薄。比如我们经常看到这样的情景:吃过饭后,孩子扭头看电视或出去玩,父母却在收拾碗筷;家里有好吃的,父母总是先让孩子品尝,孩子却很少请父母先吃;孩子一旦生病,父母便忙前忙后,百般关照,而父母身体不适,孩子却很少问候。尽管每一位为人父母者都希望自己的孩子将来长大成人能够有孝心,尽管大家都知道孝敬父母长辈是中华民族的传统美德,然而在教育孩子时,父母又往往忽略这方面的内容。

据调查,许多父母对孩子孝敬长辈的要求是很低的。孩子上学离家时就说:"爸爸妈妈,我走了,再见!"放学回家见到父母就说:"爸爸妈妈好,我回来了。"这样就相当满意了。如果孩子在拿到好吃的东西时,举手让一让爷爷奶奶、爸爸妈妈,长辈们则觉得孩子非常乖。这是把孝心降低到一般文明礼貌来看待了。凡此种种,值得忧虑。

为此,作为父母要想培养出好孩子,就必须在他们还是儿童时就改变以往溺爱孩子的相处模式,才能培养出一个拥有健全人格的孩子。"家贫知孝子,国乱识忠臣"就是这个道理。

因此,家长要从家庭美德入手,重视对孩子的孝心教育,具体来说,我们应该从下面几个方面引导孩子。

1.身教重于言传,父母为孩子做好孝敬长辈的楷模

有这样一则公益广告:

有位年轻的妈妈,忙了一天回到家,做完家务后,给老人

"有礼"走天下，儿童的礼仪教育越早越好 第01章

端来一盆热水洗脚，老人对年轻妈妈说："孩子，歇会儿吧！别累坏了身子。"

她笑笑说："妈，不累。"

这一幕被三岁的儿子看到了，儿子一声不响地端来一盆热水。年幼的儿子吃力地端着那盆水，跌跌撞撞地向妈妈走来。

盆里的水溅了出来，孩子的身上、地上都是水，可是他笑得很开心，然后把水盆放到妈妈面前，为母亲洗起了脚。

广告画面定格在这儿，广告语说："父母，是孩子最好的老师。"

的确，孝心就是这样体现的，就是这样传递的，父母是孩子最好的老师，孝心就是在父母的榜样下养成的。因此，要想培养孩子的孝心、懂得爱父母家人，父母首先要以身作则，要做孝敬长辈的楷模，因为"身教重于言教"。

2.根据孩子年龄的递进，逐步让孩子了解父母，培养孩子对父母的孝心

随着孩子身心的日趋成熟，培养目标的范围应不断扩大，培养目标的内容应逐渐增多。这种变化应体现出由浅入深、层层递进的特点。下面，我们就给家长朋友介绍一下每个年龄段孩子可以达到的主要目标。

当孩子3~4岁时：知道爸爸妈妈的名字、年龄、工作，知道爸爸妈妈和自己的关系；意识到爸爸妈妈工作很辛苦；对爸爸妈妈有礼貌，听爸爸妈妈的话，不对爸爸妈妈发脾气；能向

爸爸妈妈表示问候、感谢；自己的事情能自己做。

当孩子4～5岁时：知道爸爸妈妈做了什么家务；知道不去打扰忙碌中的爸爸妈妈，理解父母的一些情绪表现；能说一些使爸爸妈妈高兴的话；能将自己认为好吃的东西拿给父母吃；礼貌待客。

当孩子5～6岁时：知道爸爸妈妈的职业与对社会的贡献；在爸爸妈妈生病时，能给予关心；能预知爸爸妈妈的一些情绪反应；能做一些使爸爸妈妈感到高兴的事情；乐于承担力所能及的家务劳动；能帮助爸爸妈妈招待客人；能制作节日小礼物送给爸爸妈妈；对爸爸妈妈有信任感和自豪感。

3.要鼓励孩子出现的孝顺行为

孩子表现出对爷爷奶奶等其他长辈的孝敬时，家长要愉快接受并且及时加以表扬，最好逢人就夸。

4.父母应该建立一个良好的家庭秩序——长幼有序

父母应事先确定一些准则，作为父母不能轻视家中的老人。而孩子的什么行为可以接受，什么不能接受，一定要坚持原则，毫不含糊。当孩子对他所知道的界限，以一种傲慢的态度肆无忌惮地进行挑衅时，要让他觉得后悔。不能让他们当面取笑父母，藐视父母的权威，甚至把父母当成出气筒而不受谴责。当然，批评孩子错误行为时，要就事论事，不要贴标签、戴帽子，应当言简意赅。不要喋喋不休地讲个没完没了，让对方厌烦。

5.孝心是拿来做的，不是拿来说的

父母一定要身体力行，孩子才能效仿。那种"只爱自己的妈妈，不爱丈夫的妈妈"的现象，在年轻妈妈中相当普遍。很多妈妈在婆婆面前，不称呼"妈妈"，在婆婆背后，称孩子的奶奶叫"老东西"，这对孩子造成的影响是极其恶劣的。

总之，家长要从家庭美德入手，重视儿童的孝心教育，我们的孩子就像是一张空白的纸张，如何把这张纸描绘成色彩斑斓的蓝图，就需要父母的教育。培养孩子的孝心，家长必须身体力行，让孩子去体会、去感受！

诚信第一，让儿童从小做一个诚实的人

在伦理的范畴中，诚，本义为诚实不欺、真实无妄，它包含着对己、对人都要忠诚的双重内涵。诚信作为中华民族几千年积淀下来的传统美德，历来为人们所崇尚。然而，我们听到一些家长抱怨：孩子才五六岁就学会撒谎了，这如何是好？的确，我们都希望孩子成为一个诚实守信的人，这是孩子立世之根本。通常我们认为影响孩子诚信品质发展的因素主要有家庭、学校和社会三个方面。其中影响最大，持续时间最长的当属家庭教育。可见，如何改变孩子撒谎的习惯，教育孩子做诚实的人，是需要家长共同去探讨的问题。

儿童礼仪课

因此，我们在培养儿童礼仪时，要把诚信作为培养的重点。并且要贯穿到儿童的学习和生活中，把孩子培养成一个诚实的人。我们来看看下面这个案例。

贝贝一直是个乖巧的孩子，可是进入小学一年级后的他居然挨了爸爸的一次打，这是怎么一回事呢？

那天下午，他的父母在观看画展时，巧遇贝贝的班主任江老师，和他谈起贝贝的学习，自然涉及刚刚考过的期中考试。江老师说："贝贝这次成绩不太理想，只考了第九名。"贝贝爸爸说："听贝贝说，好像是第三名，从成绩上推算也应是第三名。"江老师却肯定地说是第九名。

看完画展回家，他们问贝贝这是怎么回事，贝贝觉得纸包不住火，便把实情告诉了他父母。

"有礼"走天下，儿童的礼仪教育越早越好 第01章

原来，上小学后的贝贝还没适应学习生活，没办法好好学习，期中考试仅名列班内第九。可能是由于虚荣心太强，或者怕爸爸、妈妈责怪，于是擅自涂改了成绩。贝贝的爸爸由于当时心情激动，狠狠打了贝贝，对他说："不管考第几名，爸爸、妈妈都不会责怪你，关键是你不诚实，用假成绩哄骗家长，实际上也是自欺欺人，这样你将来怎么能有所成就？"

可能涂改成绩看起来不算什么大事，但对于成长期的儿童来说，却涉及他们人格发展得是否完善。

教育心理学家认为，好的行为习惯和品质是从儿童时期养成的，尤其是5~6岁这一时期，如果孩子爱撒谎而没有被及时教导，很可能让孩子撒谎成性，甚至在未来误入歧途，因此父母一定要引起重视。那么作为父母，我们该怎样教育儿童诚实守信呢？

1.告诉儿童，凡事诚实，不要敷衍任何人

要做一个诚实的人，因为只有诚实才能看清自己的未来，触摸到幸福的温度。我们要告诉孩子，无论是对待老师，还是同学，都要做到诚实面对，凡事做到问心无愧，才会成为一个正直的人。

2.父母要以身作则，不要撒谎

我们先看这样一个笑话。一位爸爸教育孩子："孩子，千万别撒谎，撒谎最可耻。""好的，爸爸。我一定听您的。""哎哟，有人敲门，快说爸爸不在家。"试想，这样教

育孩子,孩子能诚实吗?

美国著名心理学家大卫·艾尔金德认为:要想让孩子有教养,守道德,父母首先必须是一个品德高尚的人。作为父母,不要以为在孩子面前说的是一套,自己做的又是另外一套,而没有被孩子识破,孩子就会表现出诚信的行为。孩子的眼睛是真实的,他们往往会以实际为取舍。因此,我们家长应时刻检点自己的言行,从日常生活中点点滴滴的小事做起,不要撒谎,只有这样,对孩子的诚信教育才会有实效。

3.父母要及时肯定和鼓励儿童诚信的表现

孩子虽然在成长,但毕竟年纪还小,思想和品德都未定型,我们应该抓紧实施诚信教育,时时事事处处都不放过,让他们从小获得一张人生的通行证——诚信。

人人都渴望被肯定,孩子也是这样。为了满足这种需求,他们在与他人交往的时候,一般都会勇于自我表现,善于自我表现,成人们在这方面应该创造条件,给予他们积极的诱导。当孩子有了诚信表现之后,父母要及时给予肯定,强化诚信的行为效果,不断加深诚信在孩子头脑的印象。日久天长,诚信习惯自然而然就会形成。

4.掌握批评的艺术,及时纠正儿童不诚实的行为

孩子说谎,家长往往非常生气:"小小年纪,怎么学会了说谎?长大成人后岂不成了骗子!"家长为孩子的不诚实担心是有道理的,但在教育孩子的时候,是要讲究方法的,这才会行之有

"有礼"走天下，儿童的礼仪教育越早越好　第01章

效。首先不能损伤孩子的自尊心。家长要了解孩子不讲诚信的深层次原因，千万不可盲目地批评。在此基础上，及时对他进行单独的批评以便抑制不诚信行为的继续发生。其次，要让孩子心服口服。如果用粗暴的方式来对待孩子，这无异于把他们推向不诚信的深渊，下次孩子就会编出更大的谎言来骗你。

5.和儿童建立真诚和相互信任的关系

你要求孩子说话算数，你对孩子首先要说话算数。如果确实无法实现对孩子的承诺，一定要向孩子解释原因。这样在孩子心里才能对诚信的重要性有一个深刻的印象和理解，也才会信任家长，有什么事、有什么想法都愿意告诉家长。

总之，作为父母，我们不但要督促儿童积累知识，同样也要注重对孩子德行和修养的培养，其中就包括诚信。诚信是人生最大的美德，它像一根小小的火柴，燃亮一片星空；像一片小小的绿叶，倾倒一个季节；像一朵小小的浪花，飞溅起整个海洋。

告诉儿童，勤俭节约更是一种礼仪

勤俭节约是中华民族的优秀品质，我们的祖宗曾留下了许多脍炙人口的话语告诫后代子孙要养成勤俭节约的好习惯，朱子将"一粥一饭，当思来之不易；半丝半缕，恒念物力维艰"

当作"齐家"的训言;诸葛亮把"静以修身,俭以养德"作为"修身"之道。"俭,德之共也;侈,恶之大也""历览前贤国与家,成由勤俭破由奢"。勤俭节约是中国人的一种传统美德,是中华民族的优良传统。也是一个人的优良品德。

事实上,勤俭节约更是一种礼仪,行为有所节制的人,才更受人欢迎,而在吃穿用度上肆意挥霍,是一种失礼的行为。但现实生活中,在很多儿童中间却出现了令人瞠目结舌的铺张浪费现象。

其实,孩子不知节俭,家长有不可推卸的责任。

生活中,家长出于疼爱家中独苗,迁就孩子花钱自不必说,就连家长自身也往往产生了非合理消费的心理——攀比、从众、追时髦、喜新厌旧等。时代变了,人们的消费观念确实应该改变。随着经济收入的增加,人们吃饭更讲营养,穿得更美自然无可非议,而且应该提倡。但盲目花钱、随便浪费永远是错误的行为,是不良品质的反映。那么,家长到底应该怎样引导孩子懂得节俭呢?为了培养孩子节俭的品质,家长不妨从以下几个方面入手。

1.教育儿童正确认识钱

要让孩子从小懂得钱是什么,钱是怎么来的,怎样正确地对待钱财,不义之财绝不可取。当孩子年龄还小时,要从观念上教导,应联系实际生活给孩子讲解,多引用一些事例。年龄大的孩子,可以跟他专门讨论钱的问题。

"有礼"走天下，儿童的礼仪教育越早越好　第01章

2.让儿童清楚了解金钱得来不易

父母应该帮孩子找寻参加劳动服务的机会。比如让孩子假日在家帮忙做家事，付给他一些酬劳。其目的在于让孩子明白金钱来之不易，它是经过艰辛的劳动换来的，从而培养孩子自力更生、勤劳的好习惯。并进一步激发孩子刻苦学习、积极的进取心和责任感，让孩子懂得人立足社会、学会生存的艰辛，从小立下创业的志向和决心。

3.教育儿童建立"勤俭节约很光荣，铺张浪费真可耻"的价值观

父母在家里不能娇惯孩子，对孩子的要求不能盲目答应，对

合理的给予满足，不合理的则不能迁就。不该浪费的，小到一张纸、一滴水也不能浪费。要跟孩子讲道理，不要孩子一闹，大人就妥协，同时多跟孩子讲些勤俭节约的故事来激励他们。

4.教儿童学会花钱

孩子的消费行为应该在家长的监督下进行，孩子消费行为是由被动逐步走向主动的，当孩子还小时，妈妈可以教孩子买东西、如何用钱、如何选择物有所值的物品，要让孩子学会先认真思考再花钱，而且逐渐养成习惯，避免盲目消费。

5.教儿童学会积累

我们发现，很多孩子都有储蓄罐，家长应该鼓励你的孩子设立"私人小金库"，孩子手里的零用钱、压岁钱都可以存起来。教孩子在存钱、用钱的过程中，培养节俭的好品质。

6.教育儿童懂得量入为出

父母要让孩子明白，花钱的前提是有经济来源。每个家庭的经济情况不同，花钱要看支付能力。即使家里很有钱，也不能随意满足孩子的任意要求。

7.从小培养儿童艰苦奋斗的作风

我们常说"大富由天，小富从俭""聚沙成塔""滴水穿石"，都说明了节俭在生活中的重要性，真正聚集生活的财富，除了要开源，还要节流，别忽略了"当用不省"的道理，否则不就成了"守财奴""铁公鸡"，有可能委屈自己又影响了生活质量。父母要教育孩子把金钱用在刀刃上，还

可以带孩子参加一些社会公益活动,让他认识到金钱的真正价值。

8.引导儿童有计划、明智地消费

俗话说:"不当家,不知道柴米贵。"父母要多让孩子深入生活、了解生活、体验生活,从而更珍惜现在的生活,珍惜付出后得来的成果,这一点对他们的成长必定会有深远的影响。

9.让儿童体验"苦日子"

人们也常说:"有钱难买幼时贫。"在吃穿方面要节俭,这并不是让孩子去过真正的苦日子,而是让他过大众化的生活,不需要过于优越。

10.教育儿童珍惜物品,不浪费

让孩子懂得所吃、所穿、所用来之不易,都是人们用汗水和心血创造出来的,随意浪费是不珍惜劳动果实、不尊重劳动的表现。让孩子经常参加劳动,体会劳动的艰辛。

11.家长应该以身作则,展现正确的消费观

我们不难发现,孩子是具有模仿意识的,他们很多消费习惯是从家长那里模仿来的。培养孩子节俭的品质,首先应该从家长做起。家长从认识到行为,都应给孩子做出好样子。

新的时代,应该建立科学的消费观念,以下三条是家长应遵守的重要消费标准。

第一,高效益地使用金钱、财物,合理消费,用所当用。

第二，要有利于孩子的发展——形成良好的品质素质、身体素质、心理素质、文化素质。

第三，要杜绝奢侈浪费、享乐主义。

我们不可忘记这样一句古训：成由勤俭败由奢。节俭是中华民族的传统美德，更是一种应该被推崇的品质，父母更应该从小对孩子进行节俭教育。即使孩子生长在家境殷实的环境下，也应该让孩子明白这一道理。当然，节俭习惯的养成，是一个日积月累、循序渐进的过程，父母要把孩子培养成有志向、有出息的人，勤俭节约、艰苦朴素的教育是不可或缺的，这也是培养孩子良好行为习惯的一个重要部分，这将成为他永久的财富！

第02章

儿童形象礼仪，让孩子始终保持整洁的外貌

作为父母，我们都知道对儿童进行礼仪训练和培养的重要性。而良好礼仪的标志就是得体的外在形象，我们从小为儿童上形象礼仪课，让儿童拥有整洁的外貌，不但是保证孩子身心健康的必要条件，更能帮助孩子成为一个有教养的文明公民。

搞好个人卫生,做个干净精神的好孩子

作为父母,我们给予孩子的不仅是生命,还有人格力量、品质、修养等。一个出色的人,与良好的家庭教育是分不开的,正如塞德兹说过:"人如同陶瓷器一样,小时候是一生的

儿童形象礼仪，让孩子始终保持整洁的外貌 第02章

雏形，幼儿时期就好比制造陶瓷器的黏土，给予什么样的教育就会形成什么样的雏形。"我们都希望儿童能成为一个有修养、有教养的人，而要做到这一点，第一步是让儿童搞好个人卫生，要知道只有干净精神的孩子才被人喜欢。

一位母亲道出了自己的忧愁："人家小姑娘穿得干干净净的，说话甜甜的，很讨人喜欢，但我女儿就是个'皮大王'，整天弄得脏兮兮的，早上给扎好的小辫儿，从幼儿园回来后就蓬头垢面了，玩耍时候也总把玩具弄得'身首异处'，喜欢和男孩子在一起疯，小裙子上总是脏兮兮的，我怎样才能培养出一个干净精神的小淑女呢？"

的确，儿童做到干净卫生是学习任何礼仪知识的前提，那么，我们如何让孩子养成卫生干净的好习惯呢？

1.父母以身作则，为儿童树立讲卫生的好习惯

孩子的卫生习惯都是从小形成的，与家长的态度和家庭习惯有很大关系，只要我们自己不偷懒，自觉起到榜样作用，孩子一定能潜移默化地形成良好习惯。

2.逐渐引导儿童认识讲卫生的必要性

比如，父母要告诉孩子为什么要洗手。告诉孩子洗手的道理，手接触外界难免带有细菌，这些细菌是看不见、摸不着的，人如果不将双手洗干净，手上的细菌就会随着食物进入肚子，人就会因为吃进不洁的东西导致生病。有条件的家长还可以带孩子通过显微镜观察人手上的细菌，帮助孩子了解洗手的

重要性。如果家长能详细地给孩子解释，相信他们能明白，会慢慢养成良好的习惯。

3.耐心提醒

耐心提醒孩子要讲卫生、爱干净，有的孩子贪玩、性子急，不是忘记洗手就是不认真洗。家长应经常耐心地提醒孩子洗手，不要因孩子不愿意洗手而采取迁就的态度，因为如果父母不时刻提醒，孩子就会以为这件事不重要，渐渐忘记要去做了。

4.日常督促

大人平常也要注意干净卫生、勤换衣服勤洗澡，要保持家居环境整洁，要言传身教并要督促孩子也这样做。

5.教给孩子正确的洗手方法

家长应教给孩子正确的洗手方法：先用水冲洗手部，将手腕、手掌和手指充分浸湿后，用洗手液（或香皂）均匀涂抹，让手掌、手背、手指、指缝等处都沾满丰富的泡沫，然后再反复搓揉双手及腕部，最后用流动的水冲干净。孩子洗手的时间不应少于30秒。

6.强化规矩

生病是幼儿时期常见的事情，这个时候家长要向孩子讲解一些疾病的知识，比如说疾病是由手上的细菌引起的等，强化记忆。

7.调动儿童爱干净爱卫生的积极性

还以洗手为例，我们可以用儿歌或游戏等方式教孩子养

儿童形象礼仪，让孩子始终保持整洁的外貌 第 02 章

成洗手的好习惯。家长可以通过讲故事的方式告诉孩子为什么要洗手，不洗手、不讲卫生会有什么后果。家长也可以给孩子唱《洗手歌》："掌心对着掌心搓，手掌手背用力搓，手指交错来回搓，握成拳头交替搓，拇指握住较劲搓，指尖放在掌心搓。"家长和孩子一起边洗边唱，让孩子学会正确的洗手方法。家长还应告诉孩子什么时候要洗手，如吃饭前要洗手、小手弄脏了要洗手、上好厕所要洗手等。爸爸妈妈还可以和孩子比赛"看谁小手洗得最干净""看谁是最讲卫生的人"等，以游戏的方式引导孩子自觉洗手。

另外，我们还要鼓励孩子正确的行为。在儿童不需要大人提醒而能做到注意个人卫生问题时，家长应及时表扬，强化他们正确的行为，久而久之，孩子便能养成好的生活习惯了。

引导儿童学会微笑示人

有这样一种说法："好形象、好口才、好人脉是成就人生的三大法宝，形象改变一切，口才征服世界，人脉成就大业。好形象赢得好前程，好口才创造好命运，好人脉成就好人生。"从这句话中，我们也能看出一个人的形象在交际中的重要作用。

而一切处在形象的基础是一个人的表情，一张笑脸就如同

一个人的名片，你的友好与否，对方会从你的脸部一眼看出，倘若你面带笑容，这就传达了你的善意，你与交际对象之间的关系一下子也就拉近了。

卡耐基说："笑容能照亮所有看到它的人，像穿过乌云的太阳，带给人们温暖。"行动比言语更具有力量，微笑展现了对他人的友好与喜爱。人际交往中，我们对他人多报以微笑，就会让对方被我们的善意和热情所打动，久而久之，他们也会对我们回以微笑。

由此我们父母可以明白一点，在对儿童的礼仪培养中，也要让儿童学会以微笑示人，让孩子从第一个微笑开始传递好感。美国著名喜剧大师博格就有一句名言，"笑是人与人之间的最短距离"。善于交际的人在人际交往中的第一个动作就是展露微笑，微笑在人际交往中有展示亲和的作用。

乔·吉拉德是著名的推销大师，在谈自己的推销经验时，他说，有人拿着100美金的东西，却连10美金都卖不掉，为什么？如果你注意看看他的表情就知道，要推销产品，先要将自己推销出去，你的面部表情很重要：它可以拒人千里，也可以使陌生人立即成为朋友。

笑容能为你的颜值加分。乔·吉拉德这样解释他富有感染力并为他带来财富的笑容：皱眉需要9块肌肉，而微笑，不仅用嘴、用眼睛，还要用手臂、用整个身体。

吉拉德还说："当你笑时，整个世界都在笑。一脸苦相没

有人愿意理睬你。"他告诫所有推销人员，微笑是你成功的两大武器之一，你的笑容，会让他人更愿意接近你。

从乔·吉拉德的叙述中，我们发现他是个喜欢微笑的人，是微笑让他人对其产生好感，并信任他，从而愿意与之继续交往。

无论是我们成人，还是孩子，都要面临越发烦琐的生活、工作或学习，也就要面临压力。但无论如何，我们要告诉孩子，如果他想成为一个受人欢迎的人，就不要皱着眉头了，学会微笑吧，用他的笑容感染别人。

然而有不少父母发现，孩子好像并不爱笑，对此，我们可以尝试引导孩子学会以下几点训练方法。

1.培养儿童乐观的心态

一个总是保持乐观的孩子，脸上才会随时挂满笑容，而这需要我们父母在平日里就教育孩子凡事要考虑积极的一面。

2.引导儿童学会对镜微笑训练法

当闲来无事时，可以让孩子尝试以下这种训练微笑的方法：先坐在镜子前，整理一下自己的衣服，闭上你的眼睛，调整你的呼吸使之匀速。然后开始深呼吸，让你的心静下来，然后睁开眼睛，你看到镜子里的你是不是清爽了很多？接着尝试笑一笑吧。让你的嘴角微微翘起，舒展你的面部肌肉。如此反复，训练时间长度随意。这是一种最常见并有效的训练方法。

3.告诉儿童要经常对周围的人发自内心地微笑

应该注意的是,微笑并不是简单的脸部表情,它应该体现整个人的精神面貌。所以,我们可以让孩子在平时多对周围的人发自内心地微笑。这样,就能避免在与他人沟通时僵硬地笑了。

4.告诉儿童微笑时要心存友善

只有友好的笑容,才能让他人感受到你的诚意,也才是自然的,能触动他人的。人们常说"伸手不打笑脸人",因为微笑就是一种力量,它有一种赢得对方欢心的魅力,可以让你产生无穷的亲和力。

其实,微笑本身和个性的内向与外向无关,只要肯去训练,任何人都能拥有迷人的微笑。因此,我们要在生活中培养孩子乐观的心态,培养出一个爱笑的孩子,这样的儿童更受欢迎。

穿衣有讲究,干净合身是根本

我们都知道,教育孩子首先就要给孩子一个好的生活环境,让孩子在外形上有基本的审美,这有利于孩子的气质、礼仪和修养的培养。但家长要切记,对于尚处于儿童时期的孩子来说,穿衣的第一原则是干净合身,这远比漂亮流行更重要,

儿童形象礼仪，让孩子始终保持整洁的外貌　第02章

一定不要让儿童过分打扮自己，这会让儿童形成一种虚荣心理，长大后就会被金钱所诱惑，甚至导致无法挽回的悲剧。

佳佳的妈妈这样谈到自己的女儿："我女儿是六年级学生，她从小就乖巧，喜欢穿漂亮的衣服。上了六年级以后，女儿对穿着打扮就更讲究、更用心了。看到服装杂志，总要买回来，对服装款式、用料、颜色评论起来头头是道，看到哪个女同学穿的衣服时髦，就嚷着要买。上学前，她总要拿出几件衣服对着镜子比试一番后，才决定穿哪件。我批评她不务正业，用错了心，而她居然骂我老古董。"

佳佳妈妈的话是有道理的，在女儿这个年龄段，如果思想意识出现了偏差，对孩子的成长是不利的。但她对女儿的教育方式也是不正确的，女儿现在这个年龄注重打扮是正常的，父母不能说她不务正业，应该正面引导，比如可以提出和她一起讨论一下穿着打扮方面的问题，找出父母与女儿可以共同接受的打扮程度。生活中这样爱打扮的孩子越来越多，成长中的孩子爱美很正常，但家长要引导，不要让孩子过分打扮。

其实在很多时候，孩子过分爱穿着打扮，主要是由家庭原因造成的。现在许多父母溺爱自己的孩子，认为只有一个孩子，又有经济能力，所以舍得买高档玩具、流行服装。有些父母不注意孩子的修养和教育，喜欢在吃穿打扮、玩具图书等方面与他人攀比，甚至给孩子大把零花钱以显示自己的富有和与众不同，久而久之，孩子就以此为美了。

一位十岁的男孩拉着父母走进一家服装专卖店,看到一身高档运动衣便让父母给他买。当母亲说他穿的运动衣几乎还是新的时,他却说那身运动衣再穿就会落伍。这时,站在旁边的父亲一边掏银行卡一边说:"讲节俭的年代已经过去了,他想要就给他买吧。"

的确,随着生活水平的提高,很多家庭逐渐富裕了,孩子是家庭富裕的直接得益者,家长对孩子提出的要求也是尽量满足。可是,这种给孩子大把的钱花的教育方式是有百害而无一利的,罗伯特·清崎曾表述过这样一个观点:"如果你不教孩子金钱的知识,将会有其他人取代你。如果要让银行、债主、警方,甚至骗子来进行这项教育,这恐怕不会是项愉快的经历。"因此,家长们在对孩子的礼仪教育中,千万不要让孩子以贵为美,教导孩子树立正确的审美观尤为重要。

那么,家长应该怎样引导孩子正确对待穿衣打扮呢?

1.让儿童体验生活的艰辛

没有切身体味过贫穷、饥饿、艰辛、灾难,孩子怎么会知道生活的不容易,家长要让孩子参加真正意义上的社会实践,而不要因为怕孩子吃苦,只给孩子形式上的"实践"。

2.让儿童明白什么是真正的审美

家长要正确引导和培养儿童正确的审美观,告诉孩子什么样是真正的美。比如,可以让孩子学习美术,在美术中去学习色彩搭配。最重要的是让孩子明白,他所在年龄段的孩子应该

穿什么才是适合自己的。

3.告诉儿童快乐的源泉不是物质,而是精神上的

很多儿童因为家长的娇惯,只有在购买漂亮的衣服时才是开心的。但是,消费不应成为孩子快乐的源泉,简单的生活才能拥有真正的快乐和幸福感。

媛媛家很贫穷,因为父母都是残疾人,她只能靠学校减免学费才能上学。可是,爸爸妈妈很疼爱她,她很小就明白了什么是快乐。爸爸妈妈会教她如何进行废物利用,如用电视机的纸箱给她造了一座属于她自己的小屋,用牛奶盒做玩具,用可乐罐做沙锤等。爸爸妈妈也从不随便给她买玩具，更别说和别的女孩一样有漂亮的衣服了。"如果我们认为可以自己动手做的东西，就会带着她自己动手。其实在制作过程中孩子所获得的乐趣是远远大于买新衣服的，"爸爸这样说道，"所以她有时在商店里看到好看的衣服，她都不要求爸妈给她买。"

4.家长也要注意对儿童的引导

我们常听到一些妈妈说："我从来不在她面前化妆，可她自己也会偷偷地涂口红。"其实在这种情况下，你不如就当着她的面化妆，要化得淡一些。同时，你的生活要充实一些，让她觉得你除了爱美之外还做许多其他事情。对于爱化妆的孩子，你可以明确地告诉她，化妆品对皮肤有一定的伤害，小孩子不可以用。不过，孩子涂两次口红，家长不必太紧张。这只不过是孩子好奇和爱美的一种表现。在一段时间提醒后，她的兴趣会渐渐淡化。

5.提高审美情趣，端正消费行为

儿童的审美情趣，很大程度上是受父母影响的，一些孩子甚至喜欢模仿父母的穿衣习惯和风格，如果妈妈说"你穿这条裙子真好看"，那么孩子就认为穿这件衣服很美，天天穿着不肯换。一些孩子爱穿名牌，除受社会上高消费风气的影响外，也受家长的消费观、审美观影响。一些父母认为，现在生活条件好了，以前自己吃了很多苦是没办法，现在自己有能力了，为什么还要让孩子也吃苦呢？一些父母甚至希望通过给

孩子买高档衣服，来炫耀自家的身份、地位或富有，满足自己的虚荣心。有的父母宁愿自己省吃俭用，也要让孩子在别的孩子面前"不掉价"。殊不知，这些家长的行为对孩子是一种误导。

站有站相、坐有坐相，训练儿童挺拔的身姿

在人际交往中，我们常常听到这样的八字箴言："站有站相、坐有坐相。"这句话意思是一个人在站立和落座时的体态是否到位，展现了一个人的精神面貌。因此，每个儿童都应该学习正确的站姿和站姿，这是礼仪学习的重要内容。

现代礼仪要求一个人有良好的站姿的标准是"站如松"，嘴微闭，两眼平视前方；收腰挺胸，脚挺直，两臂自然下垂；两膝相并，脚跟靠拢，脚尖张开约60°，从整体上产生一种精神饱满的感觉，切忌头下垂或上仰，弓背弯腰。

生活中，人们常常说的"站如松"，指的是要像松树一般挺拔，这是一种静态美。作为孩子，掌握正确的站姿要领，以健美的站姿出现在别人眼前，能给人一种挺拔笔直、舒展大方、精力充沛、积极向上的良好印象。

而在生活中，一个人坐着的时候总比站着的时候多。坐姿在人类生活里占了重要的分量。优雅的坐姿不仅展现一种形体

美，更能展现一种优雅的气质。反之，坐姿不雅，则会给别人留下不好的印象，事实上，在我们周围有不少孩子都没有掌握正确的坐姿要领，也犯了不少坐姿错误。

那么，我们的孩子应该掌握哪些站姿和坐姿要领呢？

第一，站姿。正确的站姿的特点是端正、挺拔、舒展、俊美。

1.不要叉开双腿，也不要放松四肢

一般地说，站着的时候，可以选择一条腿多用力一点，一条腿少用力一点，形成一种稳定的趋势，也能彰显性格的坚定。

2.站立要挺拔笔直

站立一定要挺，抬头挺胸收腹，这是基础站姿，而且不管在哪里，在哪种场合，只要是站就要保持这种形态，就会形成自然习惯。这需要加以练习，可以让脚跟、臀部、两肩、后脑勺贴着墙，两手垂直下放，两腿并拢做立正姿势站上半小时，天天如此，就能站出效果来。

3.正确的手位

一些孩子在站立着的时候，尤其是在人多的时候，常常表现得局促不安和紧张，不知道双手如何放。对此，我们可以告诉孩子，同别人站着交谈时，如果空着手，可双手在体后交叉，右手放在左手上。

如果背着书包，可以借助书包摆出优雅的姿势，若你身上背着背包，可利用背包摆出优雅的站姿。

问候他人或者做自我介绍时，不论握手或鞠躬，双足应当并立，相距10厘米左右，膝盖要挺直。

等车或者等人时，两足的位置可一前一后，保持45°角，肌肉放松而自然，并保持身体的挺直。

当然，这些站姿是规范的，但要避免僵直硬化，肌肉不能太紧张，可以适宜地变换姿态，追求动感美。在站立时，不要躬腰驼背或挺肚后仰。也不要东倒西歪地将身体倚在其他物体上，两手不要插在裤袋里或叉在腰间，也不要抱臂于胸前。

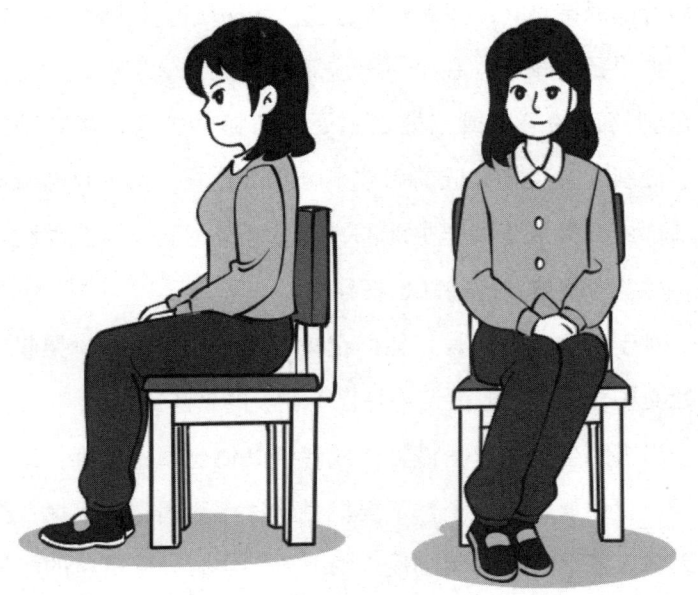

总之，站的姿势应该是自然、轻松、优美的，不论站立时摆何种姿势，只有脚的姿势及角度和手的位置在变，而身体一

定要保持绝对的挺直。

第二，坐姿。具体来说，我们可以告诉孩子这样落座。

1.一般的场合的坐姿

坐在椅子上时，可以让身体轻轻贴靠于椅背，背部自然伸直，同时要自然收紧腹部，两脚自然并拢相靠，大腿和臀部用力产生紧张感。

与人交谈，如果坐得很浅，那么对方可能认为你很拘谨，另外，这需要你用脚来平衡自己的身体，坐久了就会感到腰酸背痛，下巴突出，体态也不美。不妨一开始你就坐得深一些，然后背部保持直立，膝盖并拢，这会使你显得优雅而又从容。

如果是女孩子，在坐下时应膝盖并拢，坐下前先退半步，并做到椅面的一半或三分之二处，两腿自然垂直或者稍微内收、倾斜，趾尖相并或前后差半脚。腰挺直，两手自然弯曲，扶膝部或交叉放于大腿半前部，切忌开叉两腿、跷二郎腿、摇腿、弓背弯腰等，这些都是不雅坐姿。

对于一些孩子而言，他们在坐下的时候喜欢将脚架起来。在社交场合，这一般被认为是很不礼貌的坐法。

当去陌生人的家里做客，或者到其他公司去办事，落座的时候，我们要告诉孩子，不要把身体深深地陷在沙发里，仰面朝天与人谈话，这会引起他人的反感。在与异性落座的时候，一般应该坐在沙发的边缘，两腿微微侧向对方，这样就显得很有礼貌很有教养。当谈话完毕的时候，很容易立即站起来，与别人握手告别。

2.不同场合的坐姿

坐在客厅的沙发上一样要优雅,最好不要跷起二郎腿,而对于女孩子而言,要将裙子掖进两腿之间,两腿呈夹角着地,背部完全放松靠在沙发上,但肩膀和腰吃一点劲,不要完全放松。这样的坐姿好看又舒服。

坐在餐厅中时,上半身挺直坐好,双腿并拢,向一侧斜撤开一只脚,大约50厘米,再把另一只腿斜搭在撤开的这只腿上。

3.掌握一些坐姿禁忌

坐的时候不能把双腿叉开,这是不文明的体态。对于女孩子而言,更不适宜。

不要随便跷二郎腿,显得自己不庄重;不要跷着二郎腿的时候抖动自己的脚尖。

总之,作为父母,我们要在生活中的各种场合告诫孩子要注意自己的站姿和坐姿,久而久之,孩子便能在潜移默化之中渐渐养成挺拔的站姿和优雅的坐姿。

行如风,训练儿童正确的行姿

家长都希望孩子能提升修养和气质,这是我们对儿童进行礼仪教育和训练的目的，而这需要我们首先从其形体方面努力，除了站姿和坐姿外，还要训练他们正确的行姿。

的确，在人们的日常生活里，除了口头语言外，还存在着另一种语言，这就是无声的体态语，其中就包括走姿。成人在走路时都会有自己的特点，或许我们平常不会过度关注，但这些特点确实存在。有人走路永远都是急匆匆的，而有人则永远都走不快，另外还有人走路是内八或者是外八。

事实上，体态语与空间语在对儿童的礼仪教育中也尤为重要。如果我们把一个人出现频率很高的形体动作"筛选"出来，那么这些具有连续性与稳定性的动作，就在一定程度上反映了这个人的风度。

不得不承认的是，良好的走路姿态可以体现一个人的修养。良好的步态，应该是自如、矫健、敏捷的。由于男女性别、性格的差别，女性的步伐要注意柔美，一般以碎步为佳，步子轻一些，显得轻盈、柔和。而男性的步伐则相对厚重、急促。行走时要注意昂首、挺胸、收腹、眼平视、肩要正、身要直、双肩自然下垂，两臂前后摆动自如协调。

可见，良好的步态，应该是自如、轻盈、矫健、敏捷。那么，父母该如何引导孩子形成良好的步态呢？

1.注意走路速度

我们要告诉孩子在走路时，速度要匀称，不可太慢或太快。因为太快会形成"碎步"，这种步子会使全身出现摇摆，身体的前后摆动太大，或周身肌肉的抖动太大，容易失去平衡，而太慢则显得全身松弛，缺乏精气神，给人一种疏懒与精神不振的感觉，更谈不上和谐美感。

2.要注意重心的稳定

走路时，应慢慢收腹，然后挺胸，这两个动作是自然连贯到一起的，只有当人体的重心略微向前靠，使其正好落在脊柱的前方，这样才能产生心理上的一种进取感。

走路时，挺胸可以收紧腿部力量和全身肌肉，形成一种有力的形象。千万不要向前耷拉着脑袋，也不要向后仰。上半身应保持相对的稳定，不要左右摇摆。手的摆动幅度也应与速度相宜，如果头前倾或后仰，身体左右摆动过大，手的摆动幅度过大等，就可能造成"重心位移"，走路的姿态变成摇摇摆摆，很不稳定。

3.步态要轻

走路的轻巧，一是给人以敏捷的感觉，二是给人以轻松的感觉。

步态轻巧当然要依靠全身动作的协调。要想获得轻巧感，走路时需用腰力，同时，脚与腿的使用十分重要，千万不要用大腿迈步而要用小腿迈步。即走路时大腿抬起的幅度不宜太大，如果幅度太大，就会造成上半身向后倾斜，加大了全身的摆动，让人觉得"很吃力"，小腿迈步则显得很轻盈。走路时，切莫让脚跟先触地成全脚落地，而应该是放脚掌先落地，然后脚后跟触地。

最后，走路时不要刻意扭动臀部，尤其是女性。因为臀部向左右过大幅度地扭，与走路的前进感恰恰构成了心理上的"异向差"，从而削弱了人体走路时的和谐美感。因此，多余的、矫揉造作的动作，都会影响步态的优美。

总之，礼仪上的恰当与否是判断一个孩子修养与气质的重要标准。任何一个孩子，都要学会用体态说话。就是说，要学会用无声的语言配合有声语，而这些都需要我们父母在平日里就对儿童进行针对性训练与矫正，进而逐渐培养出风度翩翩的孩子。

第 03 章

儿童语言礼仪，好孩子言谈得体人人夸

　　一个人的素质很大一部分表现在其语言上，一个具备良好素质的人，绝不会满口脏话、言语粗俗、谎话连篇，语言是否得当、得体也是判断儿童素质好坏的标准。可随着物质生活水平的提高，很多家庭把更多的教育重点放在了孩子的文化学习和生活质量的提高上，娇惯孩子，而忽略了孩子的身心发展，导致了很多孩子满口污言秽语。为此，在儿童成长的过程中，我们有必要训练儿童掌握语言礼仪，且让儿童杜绝脏话、谎话、目中无人的话等。这样，我们才能培养出彬彬有礼的好孩子，这样的孩子自控力也更强。

定语言礼仪，从小培养儿童优雅的谈吐

每个孩子都希望被周围的人喜欢，要想做到这一点，父母就必须在孩子还处于儿童时期时就对其进行训练，使其拥有优雅的谈吐。

谈吐优雅的儿童待人接物彬彬有礼、不卑不亢；谈吐优雅的儿童，餐桌上行为得体；谈吐优雅的孩子，不和父母顶嘴，不打断别人说话；谈吐优雅的儿童，随时随地体贴照顾他人，尊敬和关心他人；谈吐优雅的儿童，把"请"和"谢谢"挂在嘴边。总之，谈吐优雅不仅赋予了儿童大气、得体之美，更为孩子成为淑女、绅士奠定了最强有力的基础，作为过来人的父母更是深深明白，举止优雅将会为长大后的孩子带来无穷的魅力。但在现实生活中，由于家庭教育中孩子修养教育的缺乏，很多儿童在谈吐上没有形成一种很好的习惯，而要让孩子从小养成良好的语言习惯，还需要我们父母尽早对其进行训练。

的确，作为父母，我们都希望自己的孩子谈吐优雅、举止得体，那么，我们究竟应当怎样去约束孩子不当的说话方式，一点一滴地培养起孩子优雅的谈吐呢？

1. 父母是儿童语言习惯的一面镜子,需要以身作则

一位妈妈这样写道:"别以为小孩什么事情都不懂,她可都看在眼里呢,有一次她冲我发脾气,我就说她:'小姑娘不可以这么大声说话。'结果就听到她小声嘟囔:'妈妈和爸爸不开心的时候也这么大声说话的。'听到女儿这么说,从那以后,我尽量克制自己的急性子,暗自发誓要给她树立一个优雅妈妈的好榜样。"

无数事实证明,父母的一言一行对孩子的影响是巨大的,如果父母说话大嗓门,那孩子讲话也必然不能细声细语;父母说话无所顾忌,孩子自然也会大大咧咧……所以要想培养出孩子优雅的谈吐,父母必须要注意自己的语言习惯。

2. 告诉儿童谈吐优雅的标准

在日常生活中,父母们不妨参照以下标准,对孩子提出合理正确的要求。

首先,父母要教育孩子,与人谈话,要表现出你的尊重,表达你的善意和理解,且要面带微笑,不可在说话时做一些不雅的小动作,如剔牙、掏耳、挖鼻、搔痒、抠脚等。

其次,在言谈措辞上,父母要让孩子养成使用文明礼貌用语的好习惯,如经常说"您好""谢谢""请""对不起""没关系"等。沉默寡言、啰唆、重复都是不正确的语言表达方式。需要注意的是,父母向孩子讲解优雅举止的标准时,不要用教训命令的口吻,而是要循循善诱、谆谆教导。当

谈吐优雅成为孩子一种不自觉的习惯，孩子卓尔不凡的气质也就形成了。

3.父母要多提示和表扬儿童

孩子的一些错误的语言往往出于考虑少，而不是有意冒犯。如果父母此时严厉斥责，往往会使孩子产生反感和抵触情绪。因此，想让孩子变得谈吐优雅，最好的方式就是提示和表扬。

父母可以制定一些家庭内部的基本原则，来引导孩子谈吐文雅。比如，如果你想说"你这个没教养的孩子，吃饭时不能大声说话！"可以换成这样说，"我们家的规矩是吃饭时不能大声说话"。这样孩子比较容易接受，因为你是在说一种制度、一种行为，而不是在批评他。

谈吐优雅是一个孩子有修养和气质的重要表现，谈吐好的儿童，能由内而外散发出一种馨香，父母如果在孩子还小的时

候,就注重对其谈吐的培养,那么儿童长大成人之后,势必会成为一位高贵、文雅的优秀者!

杜绝儿童说脏话,培养出文明礼貌的孩子

父母在儿童还小时,可能经常会嘱咐他要文明礼貌,不能讲脏话,但是随着孩子年纪的增长,他们逐渐忽视了对儿童的这一教育,转而把眼光都放在了孩子的学习上。而事实上,儿童是需要全面发展的,这也是素质教育的宗旨。要知道,一个满嘴脏话的人无论是在生活、工作还是学习中,都无法获得他人的尊重和友好协作,也不易获得友谊和自信,因此往往缺乏幸福感。要想使儿童成长为有所作为的人,父母就应教孩子从小懂礼貌、讲文明。

我们先来看看下面的案例。

这天课间操时间,同学们纷纷往操场上赶,小健一不小心,撞到了旁边的王刚。

王刚斜睨了小健一眼,怪声怪气地说:"好狗不挡道。"

小健瞪大眼睛,气愤地回应:"你!没长眼啊?"

王刚嗓门也很高:"你才没长眼呢!"

小健更是扯着嗓子喊:"你眼瞎了啊!"

王刚向前一步嚷:"你才瞎了呢!"

两个人脸红脖子粗，谁也不肯道歉，最终动起手来，王刚冲动地把小健打伤。看着受伤的小健，王刚后悔不已，吓得不知道该怎么办才好。老师还把他的父母请到学校来了，王刚的爸爸妈妈很通情达理，并没有指责儿子，看着愧疚的儿子，他们反倒安慰起来。

"爸妈，我该怎么办呢？帮帮我吧！"

妈妈问王刚："孩子，你真的知道自己错了吗？以后再发生这样的事情你知道该怎么做吗？"王刚忙不迭地点头。

"那你跟妈妈说说你该怎么做？"妈妈问王刚。

"要注意礼貌，撞到别人应该道歉，而不是出口成脏。"王刚对妈妈说，妈妈听完，高兴地点点头。

小健和王刚之间产生矛盾并且最终大打出手，主要就是因为几句脏话，可见，说话方式直接关系到儿童的人际关系。

如果你的孩子总是说脏话，那么你需要从以下几个方面来引导他，并订立规矩。

1.帮助儿童分析脏话的内容

父母在听到自己的孩子说脏话时，不要显得惊慌失措，也不要气急败坏地责骂，更不能置之不理而是应该冷静，做到严肃而不凶悍，以和缓的语气和孩子说话。例如：

"这是大人说的，你是孩子，不能说这个词语，知道吗？"

"孩子，你刚才说的那句话，用的词汇很不好，你知道我说的是哪个词汇吗？"

"为什么不能说呢?因为你是孩子,你说了,别人会说你不会说话,说你学习不好,看不起你!"

"你愿意让别人看不起吗?"

"那么,你应该怎么说?说给妈妈听。"

"对啦!这样说才是好孩子。"

家长最难做到的就是平静。一旦你生气,孩子就听不进你说的话了。而另外一些家长则喜欢和孩子说大道理,让孩子不耐烦,反而失去教育的功效。

2.以身作则,杜绝儿童学习脏话的来源

大人在日常生活中偶尔也会语出不雅,但都习以为常。而脏话从孩子嘴里说出来就特别刺耳,要是他们在大庭广众冒出些脏话,父母更是想找个地洞钻下去。其实,家长也应该拒绝脏话,在家里建立互相监督的制度,如果父母不小心在孩子面前说了不文明的词句时,一定要向孩子承认错误,以加深他不能说脏话的印象。

3.教会儿童一些初步的礼仪知识

家长应该从小教导孩子学习礼仪知识,包括见面或分手时要打招呼、握手,与人交谈时眼神、体态和表情要体现出对对方的尊重。久而久之,孩子就会认识到说脏话是一种不礼貌的行为,就会努力改正。

4.儿童说脏话,千万别强化

孩子说脏话,很多时候并没有恶意,只是觉得好玩,如模仿某个电影里的明星，觉得自己这样很帅，或者从小伙伴那里听到了一句脏话，他说出来可能是为了引起你的注意这种情况下，你完全可以置之不理，不要流露出惊奇的神色，有时严厉的训斥也是无济于事的，因为这些反而会强化他的行为，你表现出无所谓的样子，他自然也就索然无味了。久而久之，那些不好听的字眼或脏话就会逐渐被忘掉。

当然，父母也可以寻找比较恰当的时机，告诉孩子出口成脏是不雅的，只有坏人和不学好的人才讲脏话。在日常生活中，孩子有时能用自己的语言来赞赏或描述他喜欢的人和事，家长一定及时鼓励表扬，让他感觉到美的语言是令人愉快的。

5.训练儿童使用幽默的词汇来代替脏话，以表达自己的情绪

"×××，你说话像放屁，昨天说今天还我钱，怎么不还？"

告诉孩子可以这么说："你昨天说今天还我钱——昨天是四月一日吗？"

如果对方知道四月一日是愚人节，立刻就明白男孩的意思了。

虽然孩子还小，幽默需要较高的语言水平，但也不妨试一试，让孩子有个努力的目标，就不会再去说脏话了。

6.用积极的情绪感化儿童

许多父母常常会在工作繁忙时忽略了孩子，没有和孩子定时互动，孩子以为父母不爱他，便会故意说脏话来引起注意。

所以，要防止孩子养成说脏话的习惯，最有效的办法就是每天至少给孩子半小时。这半小时可以说说笑话、玩玩小游戏、一同读故事书，或者谈谈天。总之，让孩子感受到亲子相处的愉快，就不会染上说脏话的坏习惯了。

总之，满嘴脏话是一种不良的行为习惯，是失礼的表现。儿童不懂得尊重他人，在人际交往之中就会产生许多摩擦，也会失去许多朋友和机会，父母在关心儿童成绩的同时，也决不可忽视这一点。

礼多人不怪，教会儿童说些"礼貌"话

文明礼貌是中华民族的优秀传统，是人们在日常人际交往中应当共同遵守的道德准则。在孩子与他人的交往中，和悦的语气、亲切的称呼、诚挚的态度等，会使得他们显得更加友好、尊重别人。俗话说："良言一句三冬暖，恶语伤人六月寒。"文明的谈吐和行为是孩子具有良好修养的表现，讲文明礼貌能促进孩子和别人之间的团结友爱，架起孩子与他人之间情感的桥梁。

培养儿童礼貌待人的好习惯，需要父母从日常生活中的细节入手，不要让孩子出言不逊、恶语伤人、失礼不道歉、无理凶三分，更不能骑车撞倒人后扬长而去、乘车争先恐后、在公

共汽车上见老人或抱小孩的妇女不让座……如此等等，防微杜渐、是防止孩子出现不文明行为的最佳方法。

除此以外，我们在日常生活中需要为儿童进行语言习惯的训练，尤其要让孩子学会一些礼貌用语，而使用礼貌用语要文明雅致、措辞恳切、热情真挚、口气和蔼、面带微笑，主要有以下几个方面。

1.欢迎语

欢迎语是接待来访客人时必不可少的礼貌语，如"欢迎您""欢迎各位光临""见到您很高兴"等。

2.征询语

征询语是指在交往中，尤其是在接待的过程中常被人使用的征询性语言，如"我能为您做什么？""请问，您找谁？""请问您需要什么帮忙吗？"等，这样会使他人或被接待者感觉受到尊重。

3.请托语

顾名思义，请托语就是我们向他人提出某种请求或者希望获得他人帮助时使用的语言。对此，我们一定要"请"字当先，而且态度语气要诚恳，不要低声下气，更不要趾高气扬。常用的请托语有"劳驾""借光""有劳您""让您费心了"等。

4.赞美语

赞美语是指向他人表示称赞时的用语。常用的赞美语有"很好""不错""太棒了""真了不起""真漂亮"等。在

交往中，我们要细心观察，善于发现他人的优点和长处并加以赞美，这样做不仅能拉近彼此间的距离，还能体现我们的友好，有利于获得他人的好感。

当然，面对他人的赞美，我们也应做出积极、恰当的反应。例如，"谢谢您的鼓励""多亏了你""您过奖了""你也不错嘛"等。

5.致歉语

在日常交往中，人们有时难免会因为某种原因影响或打扰了别人，尤其当自己失礼、失约、失陪、失手时，都应及时、主动、真心地向对方表示歉意。常用的致歉语有"对不起""请原谅""很抱歉""失礼了""不好意思，让您久等了"。当你不好意思当面致歉时，还可以通过电话、手机短信等其他方式来表达。

6.拒绝语

拒绝语是指当我们不得不拒绝别人的请求时，采用婉转的词语加以暗示，使对方意会的语言。在人际交往中，当对方提出问题或要求，而我们无法向对方提供帮助时，可以用一些推脱的语言来拒绝。例如，当别人求助我们，而我们能力有限，无法办到时，你就可以这样拒绝："很抱歉，我很想帮你，但是……"

7.告别语

告别语可能显得有点客套，但却不失礼仪，具有委婉谦恭的特点。与人告别时神情应友善温和，语言要有分寸。例如，"再次感谢您的光临，欢迎您再来！""非常高兴认识你，希望以后多联系。""十分感谢，咱们后会有期。"等。

俗话说，"一句话能把人说跳，一句话也能把人说笑"。父母要明白，尽早对儿童进行语言习惯的训练，让孩子学会得体地说"礼貌话"，是帮助孩子接通情感的热线、使交际畅通无阻的重要前提。

引导儿童学会恰当得体地自我介绍

在交际中，细节决定成败，我们与人交谈的开场白——自我介绍，是交际中必不可少的一个环节。因为很多时候，交际双方并无他人引见，倘若我们不能跨出第一步，把自己主动介绍给别人，那么我们就丧失了一次结交朋友的机会。因此，学会恰当地自我介绍很重要。

而对于儿童来说也是如此，自我介绍能让儿童学会表达自己，这些对大人来说看似平淡无奇的话题增强了儿童的语言能力。此外，在自我介绍的过程中加深孩子对自己的了解，可以提升孩子的自信心，也鼓舞了他去学习更多的东西。当他们面对新的朋友和新的环境的时候，可以更加从容不迫。

因此，引导儿童学会恰当得体地自我介绍，是对孩子礼仪教育中必不可少的课题。我们来看下面这个孩子是怎么自我介绍的。

一天下午，某小学四年级正在开班会，班会主题是竞选队长，过会儿，有个女孩站起，涨红了脸说："大家好，我叫夏琳，是个自信爱笑的学生，虽然我各方面表现不太好，但我也想当个干部，为同学服务，请大家投我一票吧！"

面对这发自心灵的表达，同学们报以热烈的掌声，一致同意这位女孩担任小队长。从掌声中，这位女孩听到了同学们热情的回应："你能行！"当时，她激动得哭了。上任以后，她工作得很出色。

当同学们问到她怎么有那么大的勇气和信心的时候，她说："我妈妈总是鼓励我，说我要勇敢，要敢于自我介绍，敢于推荐自己！"

夏琳的妈妈是个明智的家长，从小锻炼孩子说话的胆量，教会她学会自我介绍，能让孩子为自己递出一张优秀的名片，帮助孩子提升竞争力。

从礼仪上来说，良好的自我介绍能让别人眼前一亮，这甚至会弥补孩子外在形象上的缺陷，透过孩子简短的介绍，对方就会对我们的孩子有个理性的认识，这是一个更深层次的认识。

具体来说，孩子学会自我介绍的好处多多。

1.能鼓励儿童多结交朋友

如果孩子能做完整的自我介绍，并且能倾听小伙伴的自我介绍，无形中就增强了交往能力，能在学校和平时生活里多结交朋友。

2.增强儿童的自信心

可以完整进行自我介绍的孩子必然会受到老师的表扬，又容易被别的同学认可，这样孩子的自信心也能受到鼓舞。

可见，孩子在人际交往中如能正确地利用自我介绍，不仅可以扩大自己的交际范围，广交朋友，而且有助于自我展示、自我宣传，这二者之间也是相互联系、相互制约的。自我介绍是孩子与人交往的第一步，是交谈的开场白，正确地介绍自己，能让别人从心理上接受他，从而为接下来的交往打好基础！

那么，我们该如何引导孩子学会自我介绍呢？

第一步，对于年幼的孩子来说，先让孩子记住一些简单的内容。包括自己的姓名、年龄，父母的姓名等。

对此，可以设计一些问题，用问答的方式，让孩子记住它们。这里我们需要注意的是，孩子还小，我们一开始训练的时候应该以大人说为主。替孩子作回答的时候，语速放慢一点，吐字尽量清晰，这有助于让孩子记住它们。慢慢地，等他熟悉这些内容以后，就可以在提问后停顿数秒，诱发他自己来回答。

第二步，让孩子学会介绍一些复杂的内容，如兴趣爱好，特长，缺点等。

下面是一位小朋友的自我介绍：

"大家好，我是××，大名叫××，爸爸妈妈取这个名字是希望我好好学习。其实我是挺喜欢学习的，我可喜欢上幼儿园啦，我还爱看书、爱听妈妈讲故事，爱听老师唱歌，爱交好朋友，所有新奇的事情我都感兴趣。当然，我最、最喜欢的还是芭比……

"说到我的不足，爸爸妈妈和老师都说我太好动，小屁股有点坐不住，其实，我是有一点点外向啦……"

这一介绍可以说是低龄孩子自我介绍的范本，父母可以以此为依据教导孩子自我介绍。

第三步，帮助孩子将一些信息串联起来。

要让孩子学会把这些问题的答案串联起来，组成完整的一段话，使孩子不需要你的提示就可以直接陈述出来。

这时的自我介绍可以加进一些主观性较强的问题，比如，我最喜欢的人是爸爸妈妈；我最喜欢看的动画片是《哪吒》；

我最喜欢的故事是《白雪公主》；我会自己吃饭，会给自己穿鞋子……

总之，我们的孩子总是要进入社会，与人社交的，我们除了要让孩子掌握丰富的科学文化知识外，还要培养他们与人交往的能力，而首先我们应该让孩子学会自我介绍。这是展现孩子良好谈吐的重要方面。

让儿童学会恰当地称呼他人

中国历来是一个礼仪之邦，其中一个重要的礼仪就是"称呼"。称呼指的是人们在日常交往应酬之中，所采用的彼此之间的称谓语。交际通常自称呼而始。称呼是极为重要的事情，不妥当的称呼很容易让他人产生反感，甚至记恨在心久久无法释怀。

生活中，我们经常可以发现这样一些人，在应酬场合与人初次见面，就直入主题说："我今天来，是为了……"这句话通常令对方感到不舒服，但你若使用恰到好处的尊称："赵先生，您好，打扰您了……"对方就比较舒服。可见，称呼有道才会让对方听着顺耳。

而在家庭教育中，正确使用称呼是对每个儿童最起码的要求，也是人与人之间相互尊重的一种表现。作为父母，我们在对儿童进行礼仪教育时,也要告诉孩子懂得恰当地称呼他人。我们先来看下面一个故事。

从前,有个赶路的青年行至某荒凉处,眼看马上就要天黑了,青年还没找到住宿的地方,很是着急。正好,有个老汉路过,青年人扬声喊道:"老头儿,这儿离客店还有多远啊?"老汉回答:"五里。"青年人跑了十几里路都没有见到客店的影子,他在暗暗骂着那老汉时,却突然省悟,哪是"五里"呀,分明是"无礼"!老汉在责怪他不讲礼貌!于是马上掉头往回赶,见着那老汉就翻身下马,叫了声"大爷",没等他说完,老汉就说:"客店早已过了,你要不嫌弃的话,就到我家住一宿吧。"

青年人问路,直呼"老头儿",开口不逊,老人很反感,让他白跑了十几里路。而当他省悟有"礼"时,老人不等他再说,就留他住宿,解他一时之困。由此可见交往中合乎礼仪的称呼的重要性。

在人际交往中,选择正确、适当的称呼,反映着自身的教养、对对方尊敬的程度,甚至还体现着双方关系发展所达到的程度和社会的风尚,因此对它不能疏忽大意,随便乱用。

作为父母,我们要从以下几个方面让儿童掌握有关称呼的基本礼仪。

1.要合乎常规

常规称呼,即人们平时约定俗成的较为规范的称呼。但合乎常规的称呼也是有一定的条件限制的。比如，在中国就不可直呼父母或者长辈的名字，而在欧美国家里是讲究人的平等的，所以孩子直呼其父母的名字是很正常的。

孩子在平时要礼貌地称呼他人，对年长者要称爷爷奶奶、叔叔阿姨等，对同龄人中的年长者要称呼哥哥姐姐、相反则是弟弟妹妹，如果称呼错了，应及时向对方表示歉意并改正。

2.要照顾被称呼者的个人习惯

人和人是不一样的，有的时候人们称呼上的习惯也不一样，因此，要考虑对方的个人习惯再选择合适的称呼。

3.要入乡随俗

我们在使用称呼的时候，还要考虑入乡随俗的问题。十里不同风，百里不同俗，千里不同国。倘若习俗不一样，称呼往往不大一样。

4.要区分具体场合

在称呼的具体使用过程中，一定要区分场合。在不同的场合，应该采用不同的称呼，称呼实际上是表示身份有别的一种常规做法。

5.不要给其他同学起绰号

朋友或同学之间可以称呼全名或者姓氏后的名字，这样会显得有礼又亲切。"喂""嘿"这样的称呼常常会让人反感，更不能用绰号和外号代替称呼，这样会影响朋友感情和同学关系。

6.告诉孩子称呼他人要态度亲切

我们要在生活中根据时间、节庆、场合等，引导孩子适当选用称呼加问候的形式向父母、长辈致意。比如，早起时说"爸爸妈妈，早上好！"或者新年遇到邻居时说"叔叔阿姨，新年好！"态度要亲切诚恳，称呼时声音不要太响、太生硬。

在称呼他人的时候，以下四条规则都很重要，分别是遵守常规、区分场合、入乡随俗、尊重习惯。所有这一切，都是建立于尊重被称呼者的基础上的。

平时，我们所常用的称呼方式都有哪些呢？我们在一般性的交际场合里所使用的通常都是常规性称呼。此类称呼，大体上共有以下五种。

第一，行政职务。比如，"李校长""王局长""何总经理""刘董事长"等，这些都是我们所称的行政职务，即官衔。

第二，技术职称。称技术职称，说明被称呼者是该领域内的权威人士，暗示他在这个方面是说得算数的人。比如，"李高工""张教授""王会计师"等，就是技术职称。

第三，学术头衔。这个跟技术职称不太一样，它实际上是一个技术含量较高的头衔，如"王院士"等。这类称呼表示他们在专业技术方面的造诣很高，是其学术水平和学术水准的体现。

第四，行业称呼。和外人打交道的时候，如果你知道对方是什么级别的话，你就可以此去称呼对方。不知道的话，那就得使用行业称呼了，比如，"解放军同志""警察先生""医生""护士小姐"，等等。这些都是行业称呼，是我们平常使用比较多的一种称呼。

第五，泛尊称。泛尊称实际上更适合与完全陌生的人打交道的时候使用。比如，称女孩子为"小姐"、称已婚女人为"夫人"或"太太"、称呼男士为"先生"。从某种意义上来讲，除了性别差异之外，它们都可以以不变应万变。我们称为泛尊称。

总之，父母要让儿童明白，在称呼他人应时当亲切、自然、准确、合理，不可肆意为之，大而化之。

第04章

儿童素养礼仪，内在个性和习惯造就非凡少年

礼仪教育对儿童成长的重要性已经毋庸置疑，但一些父母错误地认为，对儿童进行礼仪教育就是给孩子优越的生活环境，给儿童温馨的生活氛围，让孩子逐步接触礼仪教育。而其实，对儿童的礼仪教育，最重要的还是对儿童内在素质的教养，素质高的孩子才会心胸开阔、谦逊有礼，才会处事得体大方，正如托尔斯泰说："家长的责任是不能托付给任何人的，金钱买不到成功的孩子。"而这些良好的素养，都需要我们父母用心培养、精心培育。从生活中的点滴小事开始，让孩子去历练、去感知。

培养儿童豁达的性格，心胸宽广的儿童更受欢迎

我们都知道，在人际交往中那些性格豁达、心胸宽广的人更受欢迎，他们能够处理好各种人际关系，能够很快地适应各种不同的环境，能够融洽地与人合作，充分发挥自己的潜能。同样，对于成长中的儿童也是如此，所以我们在对孩子进行礼仪培养前，先要培养孩子豁达宽容的性格。

可以说，由于家庭教育中孩子品质教育的缺失，很多孩子并没有将宽容这一美好的品质传承下来。

小明是个很听话的孩子，但就是爱告状，一点小事就去找老师，"老师，朋朋欺负我，他刚才把我撞倒了""老师，巧巧把水彩墨水撒到我的书上了，我的书都没法看了"等。

一天，同学们正在玩游戏，忽然丁丁不小心踩了他一脚。看到刚买的白球鞋上有了一个大大的黑鞋印，小明生气地跑到丁丁的身旁，狠狠地踩回他一脚。当老师质问小明为什么要这样做时，他却理直气壮地告诉老师："我妈妈说了，不能受别人的欺负，别人打我，我就要打别人。丁丁踩了我，我当然也要踩他。"

随着社会的不断发展，社会价值取向出现了多元化的趋

势，人们也逐渐开始强调追求自己的个性，但在家庭教育中，我们依然要将重要的品质——心胸宽广，放在对孩子教育的首位。从案例里孩子的话中，我们可以发现，孩子总是在无形中受到父母一言一行的影响，宽容的品质也需要父母的细心教导，宽容心对于孩子个性品质的发展，以及良好人际关系的建立，都有着非常重要的意义。富有宽容心的孩子往往心地善良、性情温和、惹人喜爱、受人拥护。而缺乏宽容心的孩子，往往性情怪诞、易走极端、不易与人亲近。

因此，父母要教孩子学会宽容，培养孩子宽广的胸襟，在教育中应该做到以下几点。

1.父母要心胸宽广、以身示教

教育家马卡连柯曾指出，"父母在开始教育自己的子女之前，首先应当检点自身行为"。父母让孩子学会宽容，首先自己应有宽容的品质。如果父母本身心胸狭窄，无视他人的意见，习惯于将自己的意志强加于人，不给人改错的机会，为一点小事争执不休，为一点小利而斤斤计较，孩子又怎么能学会宽容呢？

父母宽容大度、遇事不斤斤计较，平日里能与邻里、同事融洽相处，孩子就会学着父母的样子处理自己与同学之间的关系，也会变得宽容、和善。

2.让儿童明白"人无完人"

父母应该让孩子明白金无足赤，人无完人，每个人身上都会有缺点。和同学、朋友相处时，完全没有必要求全责备，应该学会求同存异。对于朋友的缺点和不足，对于同学心情不好时所说的话和所做的事，没有必要斤斤计较或要求事事都摆个公平合理。多给人一分宽容和理解，同时也为自己带来一个好心境，使自己的个性更加完善。

3.培养儿童善待他人的意识

孩子一旦学会善待他人，就学会了宽容别人，因为孩子已经有了一颗友善的心、宽容的心。那么，孩子自然而然也就会在日常生活中宽容他人了。

父母应该让孩子明白，他人是自己的影子，善待他人就是善待自己。对他人多一分理解和宽容，其实就是支持和帮助自己。

4.用故事教育儿童学会宽容

讲故事是教育孩子的重要手段，国内外有许多可以体现宽容品质的小故事，父母可以借此教育孩子。通过故事还能够教会孩子站在别人的立场、角度上考虑问题，有利于孩子去理解别人的想法与行为，让孩子对别人的痛苦感同身受，激起孩子的宽容、善良之心。

我们可以为儿童讲这样一个故事。

从前，有两个人相互为邻，一人叫纪伯，另一个叫陈嚣。

纪伯是个喜欢占小便宜的人，一天晚上，他偷偷地将隔开两家的竹篱笆向陈家移了一点，这样做的目的无非是让自己家的院子面积更大一点。但他做的这些都让陈嚣看到了。纪伯

走后,陈嚣将篱笆又往自己家移了一丈,使纪伯的院子更宽敞了。纪伯发现后,内心愧疚不已,不但归还了原本属于陈家的地方,还将篱笆往自己这边移了一丈。

陈嚣在这件事情上主动选择吃亏,此后,纪伯每每看到他都内心愧疚,总觉得欠了陈嚣的一个人情,即使他也还了这个人情,但后来还总想方设法报答陈嚣。

这个故事中,表面上是陈嚣吃了点小亏,但实际上因为他会吃亏,反而赢得了纪伯的友谊和尊重。在家庭教育中,儿童也要学会吃亏,自己吃点亏就是一个很好的交际方法。尽管先前吃了亏,但最终对方会弥补我们,报答我们。吃亏会让我们在对方眼里变得豁达、宽厚,让我们获得更深的友谊。这当然会使对方更心甘情愿帮助我们,为我们做事。

5.眼界宽的人,胸怀也会宽广

父母不妨利用各种节假日带孩子游览祖国的大好河山,这会让孩子受益匪浅。在一次次的游览中,孩子就能增长知识,开阔眼界,也便能拥有了宽广的胸怀,也就很少会因为日常小事儿无谓烦恼了。

古人云:"人非圣贤,孰能无过。"父母要教育儿童学会宽容,和气待人,这样才能团结同学,营造一个愉快的生活和学习氛围。在以后人生的道路上才能以宽广的心胸消除许多无谓的矛盾,化干戈为玉帛,拥有一个良好的人际关系,儿童拥有这样的品质便会人见人爱!

教儿童学会文明礼让

不少家长发现，儿童之间因不会谦让或不肯谦让而发生的矛盾十分常见，甚至有些家长也不把这些小事放在眼里，反而因为自己的孩子强抢到玩具而高兴，认为自己的孩子"聪明伶俐"。然而，我们都忽略了不肯谦让所带来的一些负面影响，孩子之间的不谦让会影响他们的人际关系。其实谦让是一种美德，中国是一个有着几千年历史的文明古国，许多启蒙读物，如《三字经》，都把礼让作为教育孩子的一个重要内容。人与人之间交往时的谦让也是社会文明的体现。

让孩子拥有这一品质也是教育的重要内容，但生活中，我们总看到这样的场景，两个孩子在一起玩，家长总希望哥哥姐姐让着弟弟妹妹，但是很多孩子对此却很反感。也有些孩子为受表扬而谦让，或者为获得更大的弥补而谦让，孩子们这是怎么了？真正谦让的精神都到哪儿去了？

其实，孩子不懂得礼让，其实就是认为任何东西理所当然都是自己的，这种思想是在生活中慢慢养成的。谦让也不是与生俱来的本能，与其指责孩子，不如反思我们自己，我们该如何教育孩子做一个懂得谦让的人？在这个竞争激烈的社会，如何在谦让和竞争之间找个平衡点？在孩子懂得谦让的真正内涵之前，父母们应该清醒地认识到，这是教育的失败。

那么，家长到底应该怎样让儿童学会谦让呢？

1.运用故事让儿童认识谦让的品质

我们可以为儿童讲孔融让梨的故事。

我们都知道孔融让梨的故事。那么,孔融是谁?孔融是孔子的第二十世孙,他是泰山都尉孔宙的第二个儿子。

在孔融七岁的时候,有一次,正好是他祖父的寿辰,来访的客人很多。宾客来齐后,便开始上菜,这时端上来一盘酥梨,放在寿台上面,母亲叫孔融把它分了。于是,孔融就开始按照长幼的次序来分,而轮到自己的时候,他给自己挑了一个最小的。父亲很奇怪地问:"为什么你给其他人分的都是大的,却独独给自己留了个小的?"

孔融从容答道:"人们都说,树有高低。人有老小,我们晚辈,自然要尊敬长辈,这是做人的道理。"父亲听到这一番话很欣慰。

有一次,父亲的朋友来看望父亲,顺道带了一盒梨子,便叫孔融跟兄弟们分了吃了。孔融又挑了个最小的梨子,其余按照长幼顺序分给兄弟。父亲问:"这又是为什么呢?"

孔融说:"我年纪小,应该吃小的梨,大梨该给哥哥们。"父亲听后十分惊喜,又问:"那弟弟也比你小啊?"孔融说:"因为弟弟比我小,所以我也应该让着他。"

孔融让梨的故事成了许多父母教育子女的好例子。

2.给儿童营造一个相互谦让的环境

幼儿时期的孩子的个性正处于萌芽阶段,他们对事物的看法往往出自大人的说教或老师的命令。作为家长我们应努力营造一个和谐友爱、团结互助的氛围。在这样一个良好的氛围中培养孩子谦让和宽容的美德至关重要。要让孩子学会谦让别人，需要让孩子从小在谦让礼让的生活环境中成长。

3.为儿童设置争抢的情境，让孩子慢慢地学会谦让

平时在家，父母可以和孩子争一下东西，培养他"并不是所有的东西都是自己的"意识，这样他就会慢慢知道了谦让，接下去他就会多一分宽容，会让着别人，不管是让大孩子还是让小孩子。

4.对于不懂得谦让的儿童，家长要讲清道理，也应及时提出批评

家长绝不能暴力解决问题，这更会加重孩子的负面情绪，孩子会执拗地认为是家长的错，更不会理解家长的真正用意。家长应耐心说服教育，要教给孩子与人友好相处的方法，让孩子尝试体验团结友好、谦让和谐、共同分享的快乐。在与同伴相处中，要让孩子明白，分享

并不是失去，而是一种互利双赢。

孩子在游戏过程中不能与他人友好相处，家长可以暂时先不让孩子参加游戏，使他意识到自己的行为是错误的。同时要告诉孩子处理矛盾的方法。让孩子明白只有大家互相谦让，游戏才能顺利进行，有了问题大家可以用合理的方法来解决矛盾，大家才能心平气和地继续游戏。

5.让儿童知道谦让是一种美德，从而激发孩子的光荣意识

当然，家长在日常生活中还要言传身教，一定要坚持正面引导，从小培养孩子谦让、友爱的精神，孩子在潜移默化中就会懂得谦让是一种好习惯。这样，就可以避免孩子有过分的竞争意识，让孩子拥有谦让这一美德！

一诺千金，诚实守信是儿童最宝贵的品质

诚实守信是一个人立于世的前提与根本，只有信守诺言的人，才能获得他人的信任，而失信是不道德的行为。守信会使人对你产生敬意，也会使人愿意与你合作。一个言而无信的人，是没有人愿意和他合作的。因此，我们在训练儿童的礼仪时，要把诚信作为培养的第一要务。并且要贯穿到儿童现在的学习和生活中，只有培养出一个"言必行，行必果"的人，才能让孩子在日后更好地追求理想生活。我们来看看下面这个故事。

宋庆龄的父亲叫宋嘉树，母亲叫倪桂珍。

一个星期天，宋嘉树准备带着全家去朋友家做客，早上，大家都收拾好准备出门了，而宋庆龄还在钢琴前弹奏。

母亲在门口说："快点啊，孩子们，大家都等着呢！"

听到妈妈的喊声，宋庆龄正准备起身出门，却突然止住脚步。

看到女儿不出门，宋嘉树疑惑地问："怎么了？"

"今天我不能去伯伯家了！"庆龄有些着急地说。

"为什么不能去，孩子？"倪桂珍望着女儿说。

"妈妈，爸爸，昨天我答应了小珍了，她今天要来我家，我教她叠花。"庆龄说。

听了女儿的回答，宋嘉树笑了笑说："我原以为有什么非常重要的事情呢？这好办，以后再教她吧！"父亲说完，便拉着庆龄的手就走。

"那怎么行呢？小珍来了扑空了会失望！"庆龄边说边把手从父亲的大手里抽回来。

"那也没事啊，等你做客回来，去小珍家解释下不就行了吗？"妈妈说。

"不！妈妈，上次您说做人要一言既出，驷马难追，我答应了别人的事，怎么能随意更改呢？"宋庆龄有些着急地说道。

妈妈望着女儿斩钉截铁的样子，笑着说："我明白了，我们的庆龄是一个守信用的孩子，不能自食其言是吗？那就让你留下吧！"

随后，宋嘉树带着家人去做客了，只是吃过午饭后，他们就回家了，因为他担心一个人在家的宋庆龄。一进门，宋嘉树高声喊道："庆龄，你的朋友小珍呢？"

宋庆龄回答说："小珍没有来，可能是她临时有什么急事吧！"

"没有来，那你一个人在家该多寂寞呀！"倪桂珍心疼地对女儿说。

"虽然我一个人待了一上午，但是我还是很开心，因为我信守了诺言。"宋庆龄说，看到女儿这么重承诺，宋嘉树夫妇满意地点了点头。

看完这个故事，我们不得不承认，宋庆龄是值得中华儿女敬佩的女性，儿时的她就是个信守诺言的人。

那么作为父母，我们该怎样教育儿童诚实守信呢？

1.父母为孩子做出遵守诺言的榜样

父母无论作出什么许诺，都要尽可能地实现，如果不能实现的话，一定要向孩子说明。告诫孩子不要轻许诺言，一旦许诺就必须遵守。

2.告诉儿童，凡事诚实，不要敷衍任何人

要做一个诚实的人，因为只有诚实才能看清自己的未来，触摸到幸福的温馨。生活中，我们要告诉孩子，无论是对待老师，还是同学，都要做到诚实面对，凡事做到问心无愧，你一定会成为一个正直的人。

3.告诉儿童一诺千金，不要为了面子轻易允诺他人

真诚是力量的一种象征，它显示着一个人的高度自重和内心的安全感、尊严感。而孩子也爱面子，很可能因为担心丢面子而答应别人办不到的事，对此，我们在平时就要告诉孩子不要轻易允诺别人，一旦允诺，就要尽力做到！的确是非人力之所能为的，就一定放下面子，及时向对方说明实际情况，请求谅解。

总之，父母在孩子还处于童年时，就要注重对其品质与素养的培养和训练，这是他们学习现代礼仪的前提与基础，守信的孩子在未来才能担当大任，有所成就！

告诉儿童心中有他人是一种良好情感和基本礼仪

生活中，不少父母看上去很爱自己的孩子，但他们的做法不是理智的爱，而是溺爱。目前，有许多独生子女家庭中，有了好吃的父母不舍得吃，给孩子留着，孩子不愿吃了，家长方可吃。比如，家长已经将肉盛入自己碗里了，他也会再拣出来放在孩子的碗里，不忍心对孩子讲："你吃得很多了，应该给干活最辛苦的爸爸吃一点。"使孩子养成了只会享受家人的关怀、照顾，而不知道还要去关心别人的习惯，再加上家长无意识的迁就顺从，

使孩子形成了随心所欲，以自我为中心的心理定势。

而相反，那些经历过家长引导和教育的孩子，明白父母养育自己的艰辛，明白人与人之间需要关爱。这告诉父母，孩子不能溺爱，要从小在家庭中为孩子设立为他人服务的岗位，让孩子从小在为他人服务的过程中体会到他的一份责任，养成关心、照顾他人的良好习惯。可以让孩子坚持为下班回家的父母取拖鞋、倒茶水等，事情虽小，但给孩子的影响却是很大的。

孩子不懂得关心他人，很重要的一个原因就是孩子的自我中心意识过重，而这种过重的自我中心意识往往是家长养成的，什么事都依着他，什么东西都让给他，家里所有的人都要听孩子的，这样就必然养成他"心中没有他人，只有自己"的自我中心意识，这样的孩子是不可能去关心他人的。

教育家苏霍姆林斯基说："爱国主义思想是从摇篮里开始培养的。谁要是不能成为父母真正的儿子，也就不能成为国家的儿子。"教育儿童心中有他人，是一种美好的情感，是一种礼仪，儿童心中有他人，将来走上社会，才会心中有祖国，心中有人民，成为祖国的栋梁之材。要养成孩子心中有他人的情感，父母可以从以下几方面入手。

1.要让儿童从孝敬父母开始，学会爱别人

家长要不断地给孩子创造孝敬父母的机会。例如，让孩子给爷爷奶奶、爸爸妈妈过生日，为父母献上一首歌，说一句祝福的话。孩子会在做这些事过程中得到长辈的喜爱，得到成人赞赏，从而强化他孝敬父母、尊敬长辈的意识。

老张有个独生子，但他注意培养儿子关心他人的好品德，并在平时有意识地察看他的表现，看他是否心中只有自己，没有别人。有一次，老张同他在街上买了一盒巧克力，虽说一盒，实际只有十五粒，数量不多，儿子又很喜欢吃，回去究竟如何处理，老张并没有想。但到家后，儿子却首先送了一粒给奶奶后才自己吃。老张欣慰地笑了。

不少父母认为好东西让给孩子吃，让孩子生活得幸福是天经地义的事。殊不知溺爱孩子其实是害了孩子。要培养幼儿心中有他人，可以从孝敬父母开始。

2.父母要以身作则，言传身教

模仿是幼儿阶段主要的学习方式，特别是行为习惯方面。成人有意识地为幼儿树立榜样是有效的教育方法。父母平时要尊老爱幼，热心助人，做关心他人的楷模，为孩子提供具体形象的学习榜样。比如，吃饭时为父母夹菜，晚上为父母洗洗脚，邻居家遇到困难时主动去帮忙等，孩子的眼睛就像录像机，父母的一言一行会深深地打动孩子的心，在儿童幼小的心灵里埋下爱的种子。

3.父母不要赋予儿童特权

家长不要迁就溺爱儿童，要让儿童认识到，他和家里所有的人都是一样的，没有什么特权，自己喜欢的东西别人也喜欢，自己不喜欢的东西别人也不喜欢。所以，自己喜欢的东西就要与他人分享，不能霸占。当孩子做了错事时，家长要让孩子知道错在哪里，也可以反问孩子："要是别人也像你这样行不行？"另外，还要为孩子提供与人交往的机会，让他的同伴到家里玩，将他好玩的玩具拿出来与小伙伴一起玩，将好吃的大家分着吃，这样，让他在与伙伴交往的过程中正确认识自己和他人的关系，破除自我中心的意识。

4.通过沟通让儿童学会关心他人

父母要经常与儿童沟通，让儿童知道父母的苦与乐，把自己的真实感受告诉孩子。

例如，当妈妈疲惫地回到家里时，可以告诉孩子："妈妈挤了两个多小时的公共汽车，很累，你能给妈妈倒点水吗？"若是爸爸妈妈从外面带回精美的点心，可以一家人围坐在一起，让孩子分点心，家长应高兴地接受分享，表扬孩子礼貌、懂事的行为，让孩子养成好东西大家分享的习惯。

5.给儿童提供练习关心他人行为的机会

例如，爷爷下班回来，爸爸帮爷爷倒杯茶，就让孩子为爷爷拿拖鞋；奶奶生病了，妈妈为奶奶拿药，就让孩子为奶奶揉揉疼的地方，或者为奶奶倒杯水；自己头痛时就让他帮按摩按摩太阳穴，日子长了，孩子会学会许多他应该做的事情。再如上街买菜时，就让孩子帮忙拿一些他能拿动的东西，有好东西吃就他让送给家人吃，或者邻居家的孩子吃，之后每碰到类似情况，孩子就会如法炮制，慢慢就会养成关心他人的习惯。

6.对儿童的关心他人的行为给予表扬和鼓励

比如，儿童帮妈妈擦桌子、扫地了，妈妈就要口头表扬孩子"呀！宝贝长大了，知道疼妈妈了，今天能帮妈妈干活了"；当他与邻居小朋友玩时，将玩具主动让给同伴玩了，就抚摸着他的头"你真棒"，或者给孩子一个吻等。

总之，父母要建立平等的、互敬互爱的家庭关系，就是要让儿童明白心中有他人是基本礼仪。所以，父母就不能永远围着孩子转，不能让儿童从小养成吃独食的习惯。通过吃、穿、用等一点一滴的小事让儿童明白父母为了自己所付出的辛苦与汗水，要让儿童理解父母所付出的心血。同时，让儿童知道自己也有义务为别人付出自己的关心和爱护,而父母也是需要孩子去爱护、照顾的。家庭是儿童走向社会的准备阶段,心中有他人的人才能以完美的人格担当起社会、家庭的责任!

谦虚的儿童更显教养

中国人素来以谦卑闻名。谦卑是一种智慧,是为人处世的黄金法则,懂得谦卑的人,必将得到人们的尊重,必将被人们认同和喜爱,受到世人的敬仰。一副高高在上的姿态、一副得意忘形的面孔、一副颐指气使的神情、一副专横跋扈的气势……以这种傲慢的姿态处世,迟早会失败。可见,谦逊能够克服骄矜之态,能够营造良好的人际关系,对于成长中的儿童来说,谦逊的孩子也会更有教养。

而现代社会,很多儿童出生于独生子女家庭,很多父母并没有彻底了解到培养孩子教养的重要性,精神教育的缺乏让这些孩子很容易产生骄傲自大的情绪。而这往往影响了孩子在人际交往中的表现。

最近,周先生的儿子小明考了三年级第一名。这天,小明高兴地拿着试卷回家来,看到爸爸在客厅看报纸,他赶紧说:"爸爸,你瞧我这次是全年级第一名呢,老师还当着全班同学的面表扬我了,怎么样,我厉害吧?"

周先生发现,儿子的语气里明显有炫耀和骄傲的成分,他想,是时候教育儿子谦虚了,于是,他对儿子说:"小明,我先来给你讲个故事吧。"

"什么故事?"

"有个男孩大学毕业以后,对自己的前途充满了信心,因为他在学校一直都表现得很出色,而且多次获得征文比赛的大奖。他一心想到贸易公司工作,并写了许多履历表前去应征。其中有一家公司写了一封信给他:'虽然你自认文采很好,但是我们看了你写的简历,直言不讳地说,你的文章写得很差,甚至还有许多语法上的错误。'受到打击的男孩心底很不服气,认为自己的简历不可能出错。但是,当他回头仔细查看了他的简历时,发现确实有些他没有察觉出来的错误,而这些错误的拼写和语法自己一直都这样用,却一直都不知道它们是错的。于是他写了一封感谢信给这个公司,小卡片上是这样写的:'谢谢贵公司给我指出我经常犯的错误。我会更加细心的。'几天后,他再次收到这家公司的信函,通知他可以上班了。"

说完这个故事后,周先生继续对儿子说:"儿子,你知道这个故事告诉我们什么道理吗?"

"我知道,爸爸,做人谦虚才能进步,我明白您的意思,我不会再因为取得一点成绩就骄傲了。"

的确,人人都喜欢谦虚的人,而不会与自以为是的人为伍。即使是在提倡"毛遂自荐"精神的今天,谦虚依然不失为一种重要的美德。拥有谦虚精神的人如同持有一张通行证,可以畅通无阻地行走于社会,因为谦虚的人更有教养,更知礼仪。

而要教育出一个谦虚的孩子,需要父母从生活中给孩子富足的精神世界。那么,父母应该怎样培养一个谦虚的孩子呢?

1.不要过度夸奖儿童

父母对孩子过分的夸奖与肯定,很容易使孩子滋生骄傲情绪,认为自己是最优秀的。一旦这种骄傲情绪产生,再纠正就困难了。

当今很多孩子的父母喜欢在众人面前炫耀孩子在这方面或那方面的与众不同,这样就很容易使孩子滋生骄傲情绪。事实上,一些潜质很好的孩子之所以没能如愿在未来成为栋梁,正是源于他的骄傲自满、狂妄自大。

骄傲自大的孩子往往不屑于与别人交往,心胸变得很狭窄。他们虽能取得一定的成绩,但往往只满足于眼前取得的成绩,而且他们看不到别人的成绩。只有谦虚的孩子才有机会看清自己,看清别人,从而博采众家之长。

2.经常给儿童讲一些优秀人物的故事或者一些浅显的道理

家长可以给儿童讲"水满则溢"的故事。

一个容器若装满了水,稍一晃动,水便溢了出来。一个人若心里装满了骄傲,便再也容纳不了新知识、新经验和别人的忠言了。故古人云："满招损、谦受益。"

另外，还有孔子的故事。

孔子一直被中华儿女尊称为"孔圣人"，他有弟子三千，并有《论语》传世。孔子是个学识渊博的人，但还一直很好学，并且常常不耻下问。

一次，他和弟子们去太庙祭祖。一进太庙，孔子就对很多问题产生了好奇心，于是，他就问这问那。

有人笑道："孔子学问出众，为什么还要问？"

孔子听了说："每事必问，有什么不好？"

他的弟子问他："孔圉死后，为什么叫他孔文子？"

孔子道："聪明好学，不耻下问，才配叫'文'。"

弟子们想："老师常向别人求教，也并不以为耻辱呀！"

这就是孔子"不耻下问"的故事，一个学问如此渊博的人都这样谦逊，那么我们呢？

当然，这些道理和故事最好来源于孩子周围的生活环境，尤其是同时代、同年龄的其他孩子的优秀事迹对孩子更具有激励作用，让他们知道天外有天，人外有人。很多事物的优越性都是相对的，我们所拥有的永远都微不足道，所以我们没有理由不谦虚一点。

3.父母要用自身的言行影响孩子

父母切不可有骄傲自满的表现，因为一个尚未形成价值观、社会观的孩子极易受父母的感染。

4.父母要为孩子创造良好环境

父母要为儿童创造一个有利于培养谦虚品质的大环境,同时和老师配合。在教育孩子谦虚的同时肯定孩子的长处,让孩子认识到只有谦虚才能使人不断进步。

交际中,谦逊既是一种姿态,也是一种风度,体现了一个人的修养、品格与胸襟。一个人不管自己有多丰富的知识,取得多大的成绩,或是有了何等显赫的地位,都要谦虚谨慎,不能自视过高。儿童也一样,谦虚的儿童更有教养,更受人欢迎。

第05章

儿童家庭礼仪，让孩子明白对亲近的人也要讲礼

家庭是儿童良好素养的培养地，要让儿童拥有良好的修养和礼仪，需要我们家长从日常小事开始，培养孩子的家庭文明礼仪，比如，让孩子自己的事情自己做、让孩子有节制地上网、看电视，养成早睡早起的习惯等，循序渐进，长此以往，孩子就能变得独立且懂事，就能早日担当一份责任。

告诉儿童对待家人也要讲礼仪

在不少家庭中,我们能听到孩子经常说这样的话:"妈妈给我倒水!""奶奶,我要吃水果!""爸爸,送我去学校!"……很明显,这些颇具命令式的口吻在我们的周围并不鲜见。不少儿童在生活中就是这样命令自己的父母和家人的,而家长呢,对儿童的这种行为也习以为常了,甚至不去矫正和管教。

然而,这是一种极为缺乏教养的行为,在日常生活中,如果是其他成人对我们如此颐指气使,我们肯定无法接受。同理,如果我们的孩子在学校和社会中也这样与人说话,他们也会让别人反感。

现代社会,我们孩子应该学习的不应该仅仅是文化知识,还应该有心灵的成长,然而,不少孩子自私自利,凡是这种孩子,在他们家里无一不是唯一"核心"。中国父母爱孩子一直用错误的方式爱着,独生子女家庭更加剧了这种现象。于是,社会上出现一种奇怪却非常普遍的现象:孩子成了家里的所谓"小皇帝""小太阳""独苗苗",几代人都宠着他惯着他。在他们心中逐渐形成了自己是"家庭中心"的观念,只知有自

己,不知有别人。他们以为自己的欲望都应该得到满足,无须感恩和回报,如果不能满足,是你们当家长的错。至于别人,包括最亲近的父母、老师的需要则与他无关,他无须考虑。这样的孩子是缺乏教养的,这样的孩子,在未来社会又怎能得到他人的支持和欢迎呢?

其实,不少父母也发现了孩子的行为多有不妥,但他们认为孩子还小、不懂事,也许长大了就好了。然而,"三岁看大,七岁看老",儿童缺乏教养的行为,如果从小不纠正就将会影响他的一生。所以,如果你不希望自己的孩子将来受到别人的排斥和厌烦,那么就请从家庭这个孩子的第一课堂做起,让儿童从小懂得客气地对待家人。只有这样,当他们成为一个社会人的时候,才会客客气气地对待周围的人,才能赢得周围人的欢迎和尊重。

晚饭时,筱筱一边吃饭一边玩手机游戏,当碗中的饭吃完时,他将碗推给旁边的妈妈,对妈妈命令道:"再给我盛一碗去!"妈妈"接收命令"后,就去厨房盛了饭回来,筱筱没说一句感谢的话,就自顾自地继续吃起来。

> 奶奶,给我倒杯水。

筱筱最喜欢吃的一道菜是宫保鸡丁，只要桌子上有这道菜，他就立即将菜端到自己面前，一点儿不顾及家人。等吃完饭后，筱筱丢下碗筷，就直接躺到沙发上看电视了，期间，他觉得自己口渴了，就告诉奶奶："奶奶，给我倒杯水。"奶奶"接收命令"后，很快倒了一杯水过来，而筱筱只是伸出手来接水，眼睛根本没离开电视屏幕。

类似这样的情况，筱筱家每天都在上演，虽然筱筱的父母对于孩子的这一情况也比较担忧，但他们总在想孩子再大一点就好了，他们甚至还觉得，孩子在学校肯定不会像在家里这么舒坦，那就赶紧趁孩子在家的时候多对孩子"好"一些。

不得不说，在我们的生活中，像筱筱父母这样的家长大有人在，他们把孩子视作宝贝一样对待，对于孩子在家里自私自利、对待家人丝毫不客气的行为并不介意，但他们从未想过的是，假如孩子离开家庭、来到学校，也是这样命令别人，别人会怎么想呢？这样的孩子长大后怎么能得到别人的尊重？又能有什么作为？换句话说，如果一个孩子从小没能在家庭这个小环境中开始练习正确的待人礼仪，那么他步入社会后，是无法用礼貌、得体的方式和别人打交道的。

而培养孩子正确对待他人，需要我们父母在家庭生活中就要求孩子礼貌客气地对待家人，除此之外，我们还需要教会孩子理解他人，因为孩子只有学会理解，才会设身处地地为他人着想，才会懂得客气地对家人说话。为此，家长朋友可以采取

一些措施来培养孩子的这一品质，如让孩子知道父母工作的辛苦，知道爷爷奶奶年纪大了，行动不方便等。这样，孩子自然就会不好意思再"指挥"家长和老人了，让他能体会到别人的感受，也就不会对别人颐指气使、毫无礼貌了。

引导儿童体会父母的辛苦

生活中，我们经常听到老一辈人这样说："当家才知柴米价，养子方晓父母恩。"的确，父母养育孩子直至长大成人，倾注了多少的心血。我们作为成人，只有从小引导儿童体会父母的艰辛，才能让他们在未来社会承担起更多的责任，只有懂得孝顺自己的父母，才能同样养育出孝顺自己的孩子，从更高层次看，也才能长大以后去爱国爱民，去尊老爱幼，这样的孩子才能获得他人的支持。

而现代社会，有多少父母在爱的名义下，不停地摧残那颗脆弱的心灵，正如很多人说的"中国的父母是天下最爱孩子的父母，却是最不懂得怎样爱孩子的父母"。他们的爱只是父母对子女的单向倾斜，而不能实现爱的双向交流，那么这种爱就是畸形的爱。孩子只有把父母给他的爱转化为他对父母的爱，这种爱的种子才算在孩子的心中生根发芽，这种人间大爱正是这样得以传承的。

一个五岁的小男孩，在父母上班后一直陪伴瘫痪在床的奶奶，到了中午，他把父亲做好的饭菜放到微波炉里热好给奶奶端过去，奶奶要上厕所，他把便盆送到奶奶身边……

一个上小学的女孩儿，母亲车祸瘫痪在床，爸爸要上班，她一个人承担了全部家务，每天买菜、做饭、收拾房间，为母亲擦洗身体。家里生活十分困难，使她养成了省吃俭用的习惯。即便如此，她仍每天按时上学，勤奋苦读，还担任学生干部，成为三好生，被评为十佳少年……

这些鲜活的例子无不证明了对儿童孝心培养的重要，孩子只有经过生活的磨炼，才能了解生活的艰辛，孝顺含辛茹苦的父母。可以说，让孩子体会父母的辛苦，也是培养孩子良好家庭礼仪的重要前提。

那么，家长该怎样让儿童体会到父母的辛苦，从而激发儿童的孝心呢？

1.培养亲子感情，让儿童体会细小的生活片段，感知父母的艰辛

在儿童时间允许的情况下，家长可以要求儿童帮妈妈刷刷筷子洗洗碗，给爸爸捶捶后背揉揉肩。亲情培养，很多时候就是一些容易被我们忽略的细节。从这方面说，我们不建议儿童从上幼儿园或上小学起就到离家较远的外地去上寄宿制学校，因为这不利于亲情培养。亲情，就是在一天到晚的亲密相处中建立起来的。

2.在实际行动中让儿童感知父母的不容易

家长不妨把日常工作向孩子说一下，或带孩子去上一两次班，让他知道你上班走什么路线，每天都做些什么事情，你的工作中有哪些困难。你还可以告诉孩子下一个月、下一年家里都需要买什么东西，需要花多少钱。总之是让孩子看到、体验到父母的难处，而不是只让他听父母说"我很辛苦"。

一个周末，爸爸骑自行车带儿子去公园。在玩完了各种娱乐设施后，儿子十分兴奋。

回家的路上行人稀少，儿子对爸爸说："爸爸，让我带你一段怎么样？"

爸爸："你没有带过人，能行吗？"

儿子："让我试试吧。"爸爸也就同意了。

于是，爸爸坐在车架上，儿子双手紧握车把，用力蹬动脚踏，车轮滚滚向前。可孩子毕竟还小，骑了七八百米之后，就有些体力不支了，额头上也渗出了汗珠。最后他喘着气停了下来，好奇地问爸爸："爸爸，你每天骑车带我上学也这么费力吗？"

爸爸说："我虽然力气大些，不过每送你一次，我也挺累的，尤其是前边那个上坡更费力气。"

到了星期一，爸爸照常骑着自行车送儿子上学。骑到上坡时，坐在后边的儿子忽然跳了下来，用手推着车。爸爸非常欣慰。

3.用亲情故事启发儿童意识到父母的辛苦，从而孝敬父母

家长一定要定期抽出点时间和孩子谈心聊天，要把自己的难处和家里的难处有选择地告诉孩子。通过谈话，可以让孩子体验亲情，启发孩子孝敬父母的意识。

亲情故事有很多，比如，"乌鸦反哺""羊羔跪乳"等，父母可以通过讲这些故事和名人孝顺的事例，让儿童体会到孝顺父母是一种美德。动物尚有此本能，何况我们人呢？在父母为孩子作出牺牲时，要多问几个为什么。

总之，父母是孩子的第一任老师，切记不要溺爱孩子，溺爱是孩子成长的毒药。每个孩子就像一棵树苗，放在温室中肯定不会长成大树，让孩子拥有孝心，才能让他明白，只有互相付出爱，一个家庭才能美满，在学校里、在社会里才能和谐相处，这样的孩子才能拥有更和谐的人际关系，才能在社会上生存得更好！

让儿童明白做家务不是妈妈的义务

对儿童的礼仪教育要从小开始，这一点毋庸置疑，而家庭是儿童发育成长的最重要场所，是儿童日常生活的出发点和归宿所在。因此培养儿童的自立能力可以从家庭这块阵地入手，让孩子在学习之余承担一定的家务劳动，从而让儿童明白家务

也不只是妈妈的义务，明白生活中不仅仅有享受，还必须承担有一定的义务和责任，有助于孩子早日当家。

然而，现在很多儿童对家务不闻不问，这不仅与孩子自己的惰性有关，更重要的是父母不恰当的教育方式。

一是家长喜欢大包大揽，不懂得让儿童从小养成爱劳动的好习惯。

二是有的家长一开始也想让儿童干一些力所能及的家务活，但几次孩子做不好，就不让他们做了。

三是在"万般皆下品，唯有读书高"这种传统观念的影响下，不少家长忽视了对儿童的劳动教育。我们的父母大多数是不让孩子做家务事的，甚至孩子自己该做的事，如收拾书包、叠被子等家长都要代劳。很多家长要求孩子就只管弄好自己的学习。如此种种想法其实都是不必要的，这样做是剥夺了儿童的成长舞台，把儿童惯成了事事依赖父母的精神残疾。

事实上，适当让儿童干点家务活不仅影响不了学习，而且还有助于培养他的意志和品质，让他养成爱劳动的好习惯。当儿童具备了一定的干家务的能力后，我们就要让儿童做家务，这样不仅仅是为了减轻父母的负担，还可以促进孩子的全面发展。通过承担一定的家务责任，孩子能够形成自我意识，建立起自信心，更有助于孩子形成独立的人格，学到很多日常生活中的科学知识等，这些都为孩子以后的成长打下基础。

生活即教育，哈佛大学曾经对456名孩子跟踪研究了20年，这些孩子被分为两类，爱做家务的和不爱做家务的。20年后，他们失业比例是1∶15，犯罪比例是1∶10，收入也是爱做家务的比不爱做的高20%。而且，爱做家务的孩子离婚率低，心理比较健康。由此可见，参加家务劳动不仅仅是孩子为父母分忧的权宜之计，更重要的是它关系到孩子今后的就业成才和生活幸福。

但可能有些父母会发出疑问：对于这些已经懒惰成性的孩子来说，怎样才能让他们做家务活呢？确实，现在的独生子女能做到这一点是很不容易的。放手让孩子干一些家务活，这话说起来容易做起来难。那么，有什么好方法让孩子们劳动起来呢？又该如何与他们制定规矩呢？

对此，父母可以采取以下招数。

1. 让孩子尝尝懒惰的"苦头"，逼其"出手"

我们来看看这位母亲的训女经历：

"女儿今年初一，别说让她做家务，就连自己的袜子她都不洗，不过这也是我惯出来的。现在，她升入高年级后，学习工具、课本的增多让孩子的房间一团糟，写字台上、床上到处都是书、纸。没办法，我看不下去了只好帮她打扫。有一天早晨要上学了，她还在房里急急忙忙地找自己的数学课本，还一边向我大发牢骚：'跟你说了多少遍了，你就让我的房间乱着，我的东西你别动，你别收拾，现在好了，我的东西都找不到啦！'帮她找出数学课本后，我故意打击她：'今后看你还

要不要我收拾。'吃过几回苦头后，女儿一看到我拿着抹布向她的房间走去，就赶紧说她自己来收拾。此后，女儿似乎喜欢上了收拾自己的小屋子，没事的时候，她还会买些花儿回来摆在房间，每当周末大扫除的时候，她也加入到我们的劳动队伍中。看来，我的办法奏效了。"

2.多鼓励，让儿童尝尝劳动的"甜头"，使其爱"出手"

要提高儿童的劳动积极性，少不了鼓励和表扬。

"儿子从小就爱劳动，这是因为我经常夸他，记得儿子三岁半时，我用破衣服给他做了一个小拖把，每天让他学习拖地。虽然他那架势像是在写大字，但我仍高兴地夸他'是个爱劳动的好孩子'。有时，邻居们看见了也忍不住表扬他几句。得到肯定后，儿子的干劲更大了，不但要争着拖地，还抢着擦窗户、洗碗。儿子上了初中后好像变懒了，我还是使出了旧招数，那天我很忙，没回家做饭，等做晚饭时我回来了，一揭锅，才发现饭菜都做好了，虽然很难吃。我无奈地笑了笑，但还是进房间对儿子说：'你的饭菜味道不错哦，不过如果少放点盐会更好些。'儿子高兴地答应了，下回做饭味道好多了。"有位妈妈提到自己爱劳动的儿子时满脸笑容。

3.适当给儿童点"好处"，诱其"出手"

丹丹同学家搬新家了，妈妈并没有请人，而是雇了自己的女儿。当时，他们刚搬进新房，妈妈本想请个钟点工打扫卫生。丹丹知道做钟点工有每小时10元的工资后，就主动"请缨"："妈，你就请我吧，质量三包，而且肥水不流外人田嘛。"想想这不仅能调动她的劳动积极性，又能让她明白赚钱的辛苦，妈妈就爽快地应承了。果然，孩子干活很卖力，卫生也做得很好，特别是她还能用赚来的钱买些参考资料和学习用品，这让她很有成就感。

不过将儿童的零用钱和家务挂钩只是一种战略技巧，还要从根本上培养儿童的家庭责任感。家长要告诉孩子："家务并不是只有爸爸妈妈做的，你也是家庭的一分子，也有做家务的责任和义务。"

事实上，儿童并不是不愿做家务，关键在于家长要善于引导，使其保持对劳动的积极性。所以，父母要适当超脱一些，尽早放手让儿童成长。让儿童在做好他们自己事情的同时，也多做些家务，让儿童积极地参与到家庭生活的方方面面，让儿童感觉到他不是家里的客人而是主人。当儿童体会到了他在整个家庭里并不是可有可无的，他确实是被整个家庭所需要的时候，他就会逐步懂得爱父母、爱家人，他对家庭的责任感也会油然而生！

告诉儿童在家进他人房间也要先敲门

在日常生活中，有事去敲别人的门或回家敲门，都是寻常的事。正因为寻常，所以敲门的礼仪就常常被人忽视，尤其

是很多儿童根本没有敲门的意识。古代有一个"僧敲月下门"的典故，说明古人对于敲门也是很讲究的，现代社会中一个人懂不懂得如何敲门，也是其综合素养的重要体现。敲门是体现一个人素质的行为，不敲门直接进去就体现其个人素质不是很高，进别人房间都需要敲门，这是对别人尊重的基本表现。

作为父母，我们在儿童的礼仪教育中，也不可忽视敲门这一细节，要告诉儿童，即使在家中，进父母或者其他人的房间也要先敲门，从细节培养孩子的素质。

丹丹是个性格开朗的女孩，很讨人喜欢，她喜欢黏着爸爸妈妈，有什么事都找爸爸妈妈。丹丹爸爸是名播音员，作息时间与家里其他人不同，白天休息，晚上工作。

这天，丹丹在幼儿园得了一朵大红花，很是兴奋，一路小跑回家，然后径直推开了爸爸卧室的门，兴高采烈地说："爸爸，快醒醒，快醒醒，你看，我得小红花了。"

爸爸被吵醒后，心情不是很好，但还是对女儿说："丹丹最乖了，爸爸好困，你先自己出去玩好吗？"

丹丹很不高兴地从爸爸房间走出来，正好看到妈妈从厨房出来。

妈妈说："宝贝女儿，你真棒，又得了小红花，不过，如果你能在下次在进我和爸爸卧室之前先敲个门，这样更礼貌哦。"

丹丹听后，说："知道了，妈妈，刚才打扰爸爸，我也不好意思。"

从这件事后，丹丹每次放学回来，都特别注意，尽量压低说话的分贝，也不随便在爸妈房间跑进跑出了。

丹丹妈妈就是个教育的有心人，孩子误闯父母卧室，她并没有责怪，而是从正面指出，鼓励孩子在这方面有更好的表现。

有位著名教育家说过："良好习惯乃是在神经系统中存入的道德资本，这个资本不断增值，而我们在一生中就享受着它的利息。"现代社会崇尚礼仪，敲门这种属于礼貌行为的事，更不能忽视。

那么，我们该如何引导儿童掌握这一礼仪呢？

1.告诉儿童什么是隐私

隐私，是每个人藏在心里，不愿意告诉他人的秘密。每个人都会有自己的隐私，我们要告诉孩子，他们有隐私，我们父母也是。所以，孩子也应该尊重父母的隐私。

2.尊重儿童的隐私，家长进儿童房间也要敲门

随着儿童年龄的增长，他们的生活领域、知识、情感都逐渐丰富起来，自我意识、自尊意识也在不断增强，作为儿童所拥有的隐私也需父母的保护。然而，一些父母在要求孩子尊重自己隐私、进自己房间需要敲门时，却忽视了孩子也有这一要求，他们认为孩子是自己的孩子，孩子不存在什么隐私，甚至粗暴地检查孩子房间里的东西。父母要明白，每个孩子都有自

己的自尊心，尊重孩子的隐私是保护孩子自尊心的开始，也是亲子间沟通的前提。

我们也发现，那些对待家人彬彬有礼的儿童，肯定是在家里很受到尊重的儿童；那些蛮不讲理、行为粗野的儿童，在家里一定得不到他人的尊重，甚至常常受到伤害。所以，如果你想把自己的孩子培养成为高素质、有教养的人，你首先要做这样的人。要让孩子尊重你，你便应当先尊重孩子，这就要从尊重孩子的隐私开始。

3.让儿童掌握敲门的礼仪

那么，敲门究竟应该怎样敲？

儿童礼仪课

我们要告诉孩子，一是要轻叩，重敲不仅显得鲁莽，而且对别人不尊重。叩门时叩两三下要停顿一会儿，看有无人应声开门。不行再叩，但不要一个劲叩个不停。倘若门里无回应，可问一声："请问某某在家吗？"

当然，我们还要告诫孩子，不但在家里要注重敲门礼仪，在学校亦是如此，进老师办公室或他人房间要先敲门，经允许再进入。

第06章

儿童学校礼仪,"懂礼"的孩子在学校更受欢迎

　　学校是儿童活动时间最长的场所,儿童在学校的表现如何,与孩子是否学习好、是否能积极健康地成长有着密切的关系。因此,作为家长,我们要配合老师的教导,告诉儿童要遵守校园礼仪,每个家长都行动起来,才能为孩子真正营造健康文明的成长环境。

儿童礼仪课

儿童需要掌握的校园着装礼仪

我们家长都知道，日常生活和工作中需要讲究一定的着装礼仪，着装礼仪总的原则是根据人们的年龄、身份、身材特点、审美等，再根据不同的时间、场合、目的和场地等相关因素对所穿的服装进行合理的选择、搭配和组合。其实，对于儿童着装礼仪，不少人认为，儿童只要穿得干净简单就好了，还需要什么着装礼仪呢，也有一些家长认为给孩子买最好的就是正确的着装方式，而其实不然，儿童走出家庭，来到学校，着装要符合学生的礼仪要求，才能展现良好的精神风貌。

丁丁虽然今年才十岁，但俨然已经是一个潮人了，这不，周一一大早，他一到学校就"震惊"了全班同学。

"呀，黄头发？啥时候染的？"他的同桌小伟诧异地问。

"是啊，你不是看见了吗？怎样？我这色儿？"丁丁还在炫耀着。

"你不怕你爸妈扒了你的皮？我们还是小学生呢。"

"大不了一顿骂，我们这个年纪不打扮，会被人认为是老土的。你看，我们学校好多男孩都把头发染了，我们也不能落后嘛。"丁丁开着玩笑。

"可是，你今天怎么面对老师呢？万一老师要你染回去怎么办？"

"是哦，我怎么没想到呢？我爸妈的话可以不管，老师可不是好惹的。"

果不其然，第一堂课上，老师就看到了丁丁的新发型，老师还当着全班同学的面批评了丁丁，说他这种打扮不符合学生礼仪，让丁丁很尴尬。

当天晚上丁丁就跑到理发店，恢复了头发的颜色，为这事，丁丁花去了一个月的零花钱，后悔不迭。

值得家长注意的是，处于成长期的儿童都希望得到别人的关注，让自己得到充分肯定，而穿着打扮是最容易被人看到的。当他们看到偶像明星的穿着打扮，如果跟他有相似的审美观，通常很快就会开始模仿，他们认为这样做很有个性，符合时代潮流。但作为父母，我们一定要指导孩子有所选择地接受，对于外界对孩子的影响，要告诉他们学会取其精华，去其糟粕，然后为自己所用。在穿着打扮上，要告诉孩子，服装无所谓好坏，只是需要合乎时宜、时间、地点、礼节以及年龄。父母应该在着装方面给孩子做好表率，让孩子了解什么样的才是合适的。

具体来说，以下是我们需要告知儿童的校园着装礼仪的几点原则。

1.着装要与学生身份相符合

作为学生，着装应与学生身份、校园的环境和氛围相符，应展现自然美和朝气蓬勃的精神面貌，不要追求时尚和个性，更不可穿奇装异服。

2.着装要适合学生的年龄特点

对于成长期的孩子来说，他们正处在身体发育的阶段，选择服装时要从身体健康的角度考虑，如尽量穿纯棉的衣服，衣服的领口、袖口、腰围不要过紧，不穿紧身裤、高跟鞋等，以免影响身体的正常发育。

3.学生着装注重朴素大方、整洁美观，而不应一味攀比，追求名牌

名牌服装并不能显示一个人的魅力，而干净的领口、袖口、鞋子等却能显示出一个人良好的文明素养。

4.根据不同的场合选择不同的服装

儿童平时穿着简单大方即可，而在参加升旗仪式、到烈士陵园扫墓等严肃庄重的场合，着装时应注意也要庄重大方，不要太随意或颜色鲜艳。

而参加庆祝活动、元旦联欢晚会等活动，则可以选择活泼些的着装，对于要表演的同学，更应该适度装扮，与表演相符。

再如，运动时应穿运动服和运动鞋，户外散步时，可穿得休闲一些。

5.在校应穿校服

校服是学生的标志，是学生身份的象征，校服对同学们的思想和行为起着潜移默化的提醒、帮助和约束的作用。

穿着校服有益于体现学校整齐、和谐、向上的校风、校貌，有益于培养学生的集体观念和自觉遵守校规校纪的良好习惯。

穿着校服避免了学生互相攀比、追求名牌，有利于学生身心的健康成长。

6.告诉儿童几点着装禁忌

要干净整齐，不能邋遢有异味。

不能穿背心，更不能光膀子。

不能穿拖鞋，更不能打赤脚。

不能戴墨镜。

衣服扣子要系好，不能敞胸露怀。

不能奇装异服，和学生的身份不符。

不要染发、打耳钉、不需要盲目和同学攀比、追求名牌。

总体而言，儿童在学校的穿着应该朴素大方，活泼整洁，在公共场所切不可穿奇装异服，标新立异。

遵守课堂纪律，是最基本的校园礼仪

儿童大部分时间都是在学校度过的，因此，他们需要掌握一定的学校礼仪，而学校礼仪的基础就要遵守课堂秩序和纪律。作为父母，我们要让儿童做个认真听课的好学生，这是学校礼仪教育重要的一部分。这样可以促进师生或学生之间的关系，同样可以展现校园面貌。

俗话说"没有规矩，不成方圆"，任何自由都是建立在一定的约束之上的，可以说没有规矩的课堂是散沙。因此要想使课堂开放活泼、活而不乱，就一定要先落实好课堂教学规矩。

我们先来看下面的案例。

"我这个月已经是第五次被老师请到学校了，我儿子上课

要么不听讲,要么和同桌讲悄悄话,更为严重的是,一次他居然把篮球拿出来,和几个男生一起玩起传球,那个新来的英语老师被气得半死。"一位父亲说。

"我真不知道您的儿子是不是有多动症,他这样总是捣乱,我没法上课,也影响了其他同学,希望你回去好好和他沟通下。"一位老师义愤填膺地对某家长说。

"我的女儿一点也不像别的女孩那样讨人喜欢,她在班上是个不受小朋友欢迎的孩子,她简直就是班上的'捣乱大王'。老师让小朋友们排队离开教室时,她在地板上爬来滚去地疯;小朋友们聚精会神听老师讲故事时,她推推左边的同伴、拍拍右边的同伴,不停地捣乱;游戏的时候,月月又很霸道,她喜欢的玩具就要独占,不让其他小朋友碰……"

其实,不少老师都遇到过这些不遵守课堂纪律的儿童,只不过有的老师能"镇"得住学生,而有的老师天性温柔,就难免会受一些学生的"不敬"。所以,我们做父母的,除了关心儿童平时的学习成绩,也不要忽略了培养儿童的校园礼仪,而第一点就是遵守课堂纪律。

一般来说,儿童在课堂上不能注意听讲大约有三种表现。

第一种是这些儿童不听讲,但都是自己玩自己的,也就是不会影响到老师上课,也不会影响他人听课,但却在座位上做小动作,比如,玩文具、听音乐、看课外书等。当然,这类儿童不听讲并不是为了让老师生气,而是因为他们根本无法听进去老师上课的内容或者根本听不懂。我们可以认为这是一种学习障碍。

第二种是自己不听讲，却还影响周围其他的同学。这类同学似乎永远有说不完的新鲜事，甚至绘声绘色地为周围其他同学讲述，也有的同学是自言自语，这就造成课堂学习中的一种噪音，既严重干扰了老师的课堂教学，又严重影响学生的学习效果。

第三种是一些同学自己不听讲，还会在课堂上大声喧哗，甚至随便下座位、打闹，极大破坏了老师的课堂教学及学生的课堂学习，老师经常不得不中止教学维持课堂纪律。

对于这种儿童的这些情况，我们家长要明白这是极度缺乏教养的，必须要给予干预，要知道，孩子进入学校就要遵守学校的规章制度，这样教师的教学工作才能进行，我们要让儿童明白，遵守课堂纪律是对老师的最基本的尊重。

对此，我们也要告诉儿童，学生在学校以及与他人相处过程中都要遵守一定的礼仪，礼仪应该从小注意与培养，这是一个人素质的体现。

我们可以将课堂礼仪总结为以下三点。

1.作好上课准备

作为学生应该在预备铃响之前就进入教室，准备好课本、练习本、文具等，安静端坐，恭候老师的到来。充分做好上课准备，既为自己上好每一节课打下基础，也是重视学业的表现，同时还是尊重师长、尊重别人、尊重整个集体的表现。

2.遵守课堂纪律

遵守课堂纪律既是尊重老师的表现，也是珍惜学业与集体的行为。上课时要遵守课堂纪律、认真听讲、做好笔记、积极发言，不能私下说话、走动、思想开小差、做小动作，甚至调皮捣蛋扰乱课堂秩序等。

3.认真回答老师的问题

在课堂上，老师提问是必不可少的教学手段，每个同学都有被老师提问的经历。该怎样正确、礼貌地对待老师的提问呢？

回答问题应先举手，经老师允许后再起立发言。老师未点到自己的名字时，不要抢先答话。

起立回答时，姿势、表情要大方，不要故意做出滑稽的引人发笑的举止。说话声音要清脆，不要太小声，以免老师、同学听不清楚。

当老师提问的问题恰好自己回答不出而又被点到名时，切不可有抵触情绪和行为。这时应该勇敢地站起来，以抱歉的语调向老师解释说："老师，这个问题我不会回答，请原谅。"

在其他同学回答老师提问时，不要随便插话。如别人回答错了，或者回答不出而老师继续面对大家提问时才可以举手，并在得到老师允许后站起来回答问题。

儿童礼仪课

告诉儿童要尊敬和爱戴老师

有人说，教师是太阳底下最光辉的职业，这句话一点也不假，老师从踏上岗位的那一刻起，就无私地奉献着自己的青春。即便老师对学生严厉，也是希望学生学好，要问老师希望得到什么回报的话，就是希望看到学生成才、成熟，希望看到学生从自己那里学到最多的知识。

为人父母，我们知道养育孩子的艰辛，其实教师培育学生也是如此，因此，我们要告诫儿童，在学校要遵守校园礼仪，要尊重和爱戴老师，这也是师生和谐相处的前提。我们来看下面的案例。

某校五年级三班有个男孩叫亮亮，一次数学测验，下课铃响了，亮亮还在埋头答题，数学老师催了几次，他都跟没听见一样，仍在做题，老师发火了，走过去夺卷子，亮亮用手一按，卷子撕破了，数学老师怒气冲冲地拿着卷子走了。亮亮在当天的日记里写道："我恨死数学老师了，今后，我不听她的课了，在路上遇到她，我也不和她讲话！"于是，亮亮的数学成绩一路滑坡，在后来的考试中，成绩也是一次比一次差。

在生活中有很多和亮亮一样的儿童，不喜欢某一位老师，于是不愿意上那位老师的课，作业不爱做，勉强应付，结果师生关系日益恶化，学习成绩严重滑坡。

其实，我们要告诉儿童，不管老师做什么，他的出发点都是为了学生，希望学生能成才，老师就是孩子的第二个家长。当我们的孩子还小时，就要引导他正确理解老师的职业，让他一定要尊重老师。

1.在儿童还小时，就告诉儿童要尊敬老师

我们要告诉孩子，到了学校要礼貌地和老师打招呼，老师都喜欢有礼貌的学生，同时让他用实际行动尊重老师的劳动：上课认真听讲，不破坏纪律，把老师留的作业保质保量地完成。

2.告诉儿童，一定要和老师搞好关系

我们发现有一些孩子，与哪个老师关系比较融洽就喜欢上哪门课，哪门成绩就好；如果与哪个老师关系不和谐也会殃及那门课，这大概也是爱屋及乌的反映吧。

的确，学生的大部分时间都在学校里度过，就免不了和老师交往，一些孩子见到老师就躲，或者顶撞老师。其实，孩子不明白的是，老师是他的恩人，不管老师喜不喜欢这个学生，他都会努力教好每个学生，学会尊重老师，孩子会收获不少！

对此，我们要让孩子认识到和老师搞好关系的重要性，与老师融洽相处，他们才有学习该门课程的兴趣和动力，也才能让老师更多指点他。

3.让儿童勤学好问，虚心求教

我们要告诉孩子，不管他喜欢不喜欢这个老师，都要承认，老师之所以能成为老师，必当够格教他知识，老师在学问、阅历等方面的水平肯定是高于他的。

所以，我们要教导孩子向老师虚心求教，好问不仅直接使学习受益，还会加深和老师的交流，无形中就缩短了与老师的距离，每个老师都喜欢肯动脑筋的学生。

4.告诉儿童犯了错误要勇于承认，及时改正

人无完人，成长中的孩子更是如此，老师都喜欢知错就改的学生，也愿意帮助他们。而一些孩子明知自己错了，受到批评，即使心里服气，嘴上也死不认错，与老师搞得很僵。也有一些孩子"一朝被蛇咬三年怕井绳"，受过老师一次批评心里就特别怕那个老师，认为他是对自己有成见。而这都是没必要的，我们要告诉孩子，错了就是错了，主动向老师承认，改正就是好学生。老师不会因为谁有一次没有完成作业，有一次违反了纪律就认为他是坏学生，就对他有成见。

总之，我们要让孩子明白，老师是他的第二个家长，一定要尊敬、爱戴老师，和老师搞好关系，因为与老师关系融洽既可以促进学习，又可以学到很多做人的道理，会使孩子一生受益无穷。

告诉儿童，挑老师的错也要把握分寸

自从我们把孩子送进学校，他们接触的最为权威的人就是教师了，然而老师也是人，也会犯错，比如，教学错误或者误解了

孩子等。而此时，如果我们的孩子不懂礼仪，顶撞老师或者嘲笑老师，都是没有素养的表现。对此，我们要告诉孩子，反驳老师也要注意言辞，反驳的时候要注意分寸和礼貌。即使老师说你的观点有问题，记住也要用求教的态度。不知道怎么回答的问题，不要强答狡辩。一般来说，老师都是明理的，在发现自己的错误后一般都会及时更正。我们先来看下面的案例。

周先生是一位单亲爸爸。女儿现在已经十岁了。单亲家庭的孩子不好带，周先生一直身兼数职，既工作又要带女儿，但他不怕苦，他最担心的是女儿丹丹的学习问题。

丹丹严重偏科，在语文和英语这两门课上通常都能考到高分甚至经常拿第一名，但数学却一窍不通，即使周先生经常告诉丹丹："学好数理化，走遍天下都不怕。"但丹丹对数学还是提不起兴趣。后来，周先生通过了解才知道，丹丹最讨厌班上的数学老师，而这件事，则是因为半年前数学老师对女儿的一次"管教"。

那天，周先生急急忙忙下班回家就开始做饭，稍后女儿回来了。一进门，女儿就把书包重重地摔在桌子上，周先生不解："怎么了，这么大脾气？"

"没事，做你的饭吧，我不吃了。"说完，女儿又拿着书包回了房间。

晚上，无论周先生怎么哄，女儿都不肯吃饭。

周先生这才想起来，自打那次之后，女儿好像就不怎么做数学题、看数学书了。后来，周先生找丹丹的数学老师沟通过,原来事情是这样的:上课的时候,丹丹觉得老师演算的一个公式不对,就站起来直接说:"你这个公式不对。"而老师反复求证,是对的,但丹丹就是不依不饶,最后老师让她坐下,她一气之下就收拾书包回家了。

很多孩子都与老师发生过不快,如被老师误解,和老师在知识点上有分歧,而作为学生,首先要尊重老师,只要与老师真诚沟通,便能很快消除分歧。然而,似乎不少学生,尤其是年纪较大的学生,和案例中的丹丹一样,首先对老师表现出对抗,甚至大发脾气,这是对老师极不尊重的一种表现。

那么,作为父母,对于这一问题我们该如何解决呢?

1.家长一定要保持冷静

要做到这一点,我们需要不断提醒自己:孩子的行为并非针对个人,只是情绪化而已。因此,即使孩子把坏情绪带到家中,也要给其发泄的机会,而不应该硬性压制。

更要避免争吵。对于情绪中的孩子,争吵只会激化矛盾。

2.对于老师对儿童的不恰当管教,家长要与老师沟通

这里的"不恰当"一般指的是老师对学生的误解,比如,误认为孩子偷了东西或者片面地误会孩子打架的原因。

另外,很多学校老师对儿童实行"保姆式"的管教,很明显,一些年纪较大的孩子很容易对老师的这种教育方法产生反感情绪。对此,我们可以和老师沟通,让老师明白儿童的行为并非故意,而是儿童的逆反心理,搞清楚事情的原委,能帮助

孩子和老师化解误会。

3.告诉儿童正确对待老师的过失，委婉地向老师提意见

在有些学生看来，老师就应该是完人，老师不应该犯错，实际上，这种想法是不正确的，老师也是人，也会犯错和失误。生活中根本不可能存在没有缺点的人。老师不是完美的，如果他有的观点不正确，或误解了某个同学，甚至有的老师"架子"比较大，这都是可能的。

作为父母，我们要告诉儿童："如果你发现老师的不足要持理解态度，向老师提意见语气要委婉，时机要适当。相信老师会感激你的指正。如果老师冤枉了你，不要当面和老师顶撞，这样不但无助于问题的解决，还会恶化师生的关系。暂且忍一忍，等大家都心平气和再说。不管怎么说，老师是长者，做学生的应该把他们置于长者的位置，照顾老师的自尊心和面子。"

4.与老师取得联系，搞清楚事情的原委

如果你的孩子只是做作业不认真或者上课开小差等，并无大碍；而如果你的孩子严重违纪或者做出一些出格的事，就需要你引起注意，密切观察孩子的举动，以防孩子走上歧途。

5.被老师误解和惩罚的儿童，要从家庭角度给其安慰

可能你的孩子会觉得被老师惩罚是一件很丢人、伤心的事，此时，你要让儿童知道家庭是一个保护他的地方、一个温暖的港湾。而创造一个安全的家庭气氛对成长期的儿童至关重要。

你可以鼓励你的孩子："看得出来，今天你受了委屈，能跟

妈妈说说吗？"这句话，会让你的孩子感受到你的关心和理解。

总之，对于成长中的儿童来说，我们要让其明白，尊重老师是一个学生最基本的素质，同时，我们也一定要对孩子多加关心，及时帮助孩子疏导在学校与老师相处过程中产生的那些不良情绪！

告诉儿童不要随便给同学起绰号

父母可能还记得自己的学生时代，同学之间都喜欢给对方取外号，这些外号中有的与动物的名字相关，有的和人的长相、外貌有关，有的还带有人家的生理缺陷，总之五花八门，样样齐全。在平时，同学之间不叫姓名，只叫外号。叫起来还特别亲热。顽皮一些的男同学暗地里给女同学取外号，故意拿她们寻开心，令她们害羞，可以说，在儿童中间取外号已经是习以为常的事了。

然而，取绰号叫外号既是一种不文明也是一种不礼貌的行为。作为家长，我们在儿童还小的时候就应该告诉他们，这一行为是不合理的。可有的孩子偏不这样做，根本不把它当一回事，总认为取个外号没什么大不了的。甚至还认为只有取外号叫外号，才够朋友、够哥们儿呢。事实上，这种想法是不对的。作为一名学生，不管给别人取外号的用心是好是坏，都是

对别人不尊重的表现。

以下是一位女生给一位心理咨询师写的信：

"我们班里的同学都喜欢给他人起绰号，私底下交流的时候也用绰号代替同学的名字。从小学到现在他们总是给我取一些诸如'猪油妹''包子'等很难听的绰号，每次同学们这样叫我，我的心里总是很不舒服，您说我该怎么办？"

从这位女生的信里，我们能看到起绰号这一行为在如今学校里的盛行，也能看到这些绰号对于孩子的伤害。对于成长中的孩子来说，他们都很关心自己在同学和朋友心中的印象，而给别人起外号是一种不礼貌的行为，是对别人的不尊重，因为尊重是互相的，子曰："己所不欲，勿施于人。"如果不尊重他人，又怎么会得到他人的尊重呢？

孩子进入学校后，就要遵守一定的言行礼仪，对待同学要以礼相待，不可随意以绰号来贬低同学。

具体来说，我们要告诉儿童以下几点。

1.告诉儿童学会将心比心

不少儿童认为取外号并没有什么恶意，只是随口叫叫而已，而其实，虽然对方不会明说，但心里也不舒服。我们可以这样告诉孩子，同学心里会认为他明明有个姓名，凭啥要给他取个外号。如果有人叫你"小猫""小狗""大灰狼"，你心里高兴吗？

虽然有的外号和姓名一样，叫起来并不感到别扭，可是大多数的外号却会影响对方的自尊心，特别是当外号跟人的生理缺陷联系上的时候，就会极大地伤害对方的自尊心。原本人家存在一定缺陷，自己在心里就已经感到很自卑，而你还在背后给他取个外号，把人家的缺陷天天挂在嘴上奚落人家，如果是你，你会怎么想呢？你心里会是什么滋味？一样的道理，他也不希望别人这样称呼他。

当孩子能站在同学的角度思考问题，也就能将心比心，认识到自己言行的不妥了。

2.父母要以身作则

不要给别人取外号，首先父母要从自己做起，保证自己不取人家的外号，即使对方不介意。

3.让儿童帮助其他同学纠正这一失礼的行为

好的行为习惯在学生之间是相互影响的，我们要让儿童劝

说那些喜欢给别人取外号的同学,让他们尽早纠正这种不礼貌的做法,这样只会使同学之间的关系日益疏远。

4.儿童被起绰号,引导儿童学会"冷处理"

比如,如果儿童被人起绰号,可以这样告诉他:"你可以选择合适的时间、地点和场合,和颜悦色地对那位同学说:'请你们别这样叫我了,我觉得很受伤害。'如果他们不理睬,那你只好自己调整心态,他们叫绰号的时候不予应答,自己该干什么就去干什么好了。不过不搭理他们的方法也有劣处,因为人是相互依存的,如果这样做很有可能让自己陷入孤立之中。其实我觉得还是用'走自己的路,让他们去说吧'的心态最佳!"

绰号在孩子中间难免存在,而如何做就体现了孩子的心胸是否宽广,我们可以告诉孩子:"把心放宽一些,大度一点,说不定还能获得更亲近一些的友谊。许多事情往往是这样,你越是在意,事情会越糟。就像取外号一样,对方给你取个外号,本是想开个玩笑。这时你一下子显得大惊小怪,并且生气、发怒,这样一来会使玩笑成真,对方会感觉你很小气,反而变本加厉。这样或许外号就传开了。之所以对取外号不要太在意,那是因为外号并不代表什么,也不能说明什么,只不过是另外一个名字而已。"

总得来说,作为父母,我们要引导儿童正确看待给别人起绰号的行为,让儿童明白这是一种不礼貌的行为,并让儿童学会从同学的角度思考问题,进而杜绝孩子的这一失礼表现。另外，如果我们的孩子在学校被人取了绰号，我们要告诉他，最好的办法就是"冷处理"，不要太在意。

当然，对一些带侮辱性、伤害别人自尊心的外号，我们还是要让儿童及时告诉老师为好，以便得到恰当处理。

第07章

儿童拜访礼仪：让孩子做个有教养、受欢迎的小客人

我们在走亲访友、参加生日宴会和朋友聚会或者看望他人时，可能经常会带上孩子，而此时其实是培养儿童良好礼仪的最佳时期。当然，儿童毕竟是孩子，很多礼仪与规矩并不懂，这需要我们家长细细告知，并落实到具体的拜访活动中，继而让儿童成为一个有教养、受欢迎的小客人。

让儿童了解几点参加他人宴会的礼仪准则

现代社会，人际交往宴会是最为常见的一种交往方式。无论是成人还是孩子，参加他人宴会，礼仪是一项最基本的素养。对于孩子而言，只有能自觉按礼仪规范去做，而无须别人的提示与监督，才能够在宴会上表现出得体的举止仪态，从而给他人留下良好的印象，让我们的孩子成为受欢迎的小客人。

这天，王先生带着儿子亮亮参加上司儿子的周岁生日宴，一同前来参加的还有公司其他一些同事，因此除了亮亮外，还有其他一些小朋友。

王先生很欣慰，亮亮没有做出什么出格的事，大家也都夸赞他的儿子礼貌懂事，而他发现他的上司，也就是这次宴会的主人公却一直不高兴，他还以为自己的儿子做了什么失礼的事，事后，他问另外一位同事，同事告诉他："今天老周的女儿在宴会上拿走了小寿星的生日礼物，而老周根本没阻拦，这样太失礼了。"

听完同事的话，王先生感叹，看来是时候让亮亮学一些礼仪知识了。

案例中，老周女儿的失礼之处在于她拿走了小寿星的礼物。而正是这点,让对方对她留下了极为不好的印象。

的确,参加宴会,每一个环节都是不容忽视的。在参加他人宴会时,我们要让孩子知道以下几点礼仪准则。

1.掌握出席时间

赴宴时一定要准时,不可迟到,而早退、逗留时间过短均被视为失礼或有意冷落。如果是身份高者,可适当晚点到达,一般客人宜略早到达,主宾退席后再陆续告辞。出席宴会,根据各地习惯,正点或晚一两分钟抵达。在中国则正点或提前二三分钟或按主人的要求到达。

2.抵达

抵达宴请地点,可以先到休息区脱下外套和帽子,然后前往主人迎宾处,主动向主人问好。如是节庆活动,应表示祝贺。

3.入座

应邀出席宴请活动,应听从主人安排。如是宴会,进入宴会厅之前,先了解自己的桌次和座位,入座时注意桌上座位卡是否写着自己的名字,不要随意乱坐。如邻座是年长者或妇女,应主动协助他们先坐下。

4.进餐

宴请中餐桌礼仪是相对重要的。餐桌礼仪是保障良好用餐氛围的不可或缺的守则。

入座后,主人招呼,即开始进餐。

我们要告诉儿童一些用餐的注意事项。

夹菜时，应从靠近自己的盘子开始，不可夹离自己很远的菜，也不要从中间挑，眼睛也不要老盯着菜盘子，一次夹菜也不宜太多。夹菜时，不要碰到邻座，不要把盘里的菜拨到桌子上，不要把汤泼翻，不要将菜汤滴到桌子上。

遇到自己爱吃的菜，不可如风卷残云一般猛吃一气，更不能干脆把盘子端到自己跟前大吃特吃，要顾及同桌。

嘴角沾有饭粒，要用餐纸或餐巾轻轻抹去，不要用舌头去舔。咀嚼饭菜时嘴里不要发出"叭叭""呱唧呱唧"的声音。

口含食物，最好不要与别人交谈，开玩笑要有节制，以免口中食物喷出来，或者呛入气管，造成危险。

确实需要与家人谈话时，应轻声细语。

食物要闭嘴咀嚼，细嚼慢咽，这不仅有利于消化，也是餐桌上的礼仪要求。

决不能张开大嘴，大块往嘴里塞，狼吞虎咽的，更不能在夹起饭菜时，伸长脖子，张开大嘴，伸着舌头用嘴去接菜。

一次不要放太多的食物进口，不然会给人留下一副馋相和贪婪的印象。

5.交谈

无论是作为主人、陪客或宾客，都应与同桌的人交谈，特别是左右邻座。不要只同几个熟人或只同一两人说话。邻座如不相识，可先自我介绍。

儿童拜访礼仪：让孩子做个有教养、受欢迎的小客人　第07章

6.离席

常见一场宴会进行得正热烈的时候，因为有人想离开，而引起众人一哄而散的结果，使主办人急得直跳脚。欲避免这种煞风景的后果，你要告诉儿童，如果他想离开，千万别和谈话圈里的每一个人一一告别，只要悄悄地和身边的两三个人打个招呼，然后离去便可。中途离开现场，一定要向邀请者说明、致歉，不可一溜烟便不见了。和主人打过招呼，应该马上就走，不要拉着主人在大门口聊个没完。因为当天对方要做的事很多，现场也还有许多客人等待他（她）去招呼，你占了主人太多时间，会造成他（她）在其他客人面前失礼。

《礼记·礼运》中就有"夫礼之初，始于饮食"的结论。千百年来，人们在摆席设宴中形成了一整套纷繁复杂的礼仪。大到菜单的制定，小到餐具的使用，其中的讲究使得很多人面对宴会无所适从。如果我们的孩子能在宴会中做到游刃有余，那么他必定是一个受人欢迎的小客人。

告诉儿童走亲访友时的做客礼仪

走亲访友是人之常情，是亲戚朋友之间联络感情的重要方法，一次理想的拜访能拉近亲戚朋友之间的距离，是一种友情和亲情的享受。然而，要达到这样的效果，我们必须要懂得做

客的礼节，讲究做客这种社交活动的艺术。

同样，我们的孩子在未来也需要参与人际社交，他们也应该尽早掌握做客的礼仪，这是我们对孩子进行家庭教育的重要内容。然而，在现实的拜访活动中，我们经常看到有一些孩子，他们在主人家打闹嬉戏、窜来窜去，将主人家的东西打翻在地，让其他客人和主人十分无奈，的确，这些都是失礼的行为，需要父母纠正。

那么，具体来说，我们该如何引导儿童有礼有节地拜访他人呢？

1.锻炼儿童的胆量，带领孩子经常拜访他人

不少孩子胆怯、害羞，不敢去拜访他人，这需要我们家长的鼓励，而做客也是培养孩子胆量的最直接、最有效的一种方式。

做客前父母应先向孩子介绍一下拜访的对象，让孩子有必要的心理准备。其次还要帮助儿童树立一定的信心。

比如，家长可以这样鼓励孩子："姑姑家有一只可爱的小狗，你不是一直很喜欢小狗吗，你可以过去和它一起玩。"或者"刘阿姨家的妞妞听说你画画很棒，想向你学习呢！"诸如此类的话，可以帮助孩子消除陌生感，树立信心。

2.带着儿童走亲访友是锻炼儿童做客礼仪的最好途径

我们可以经常带孩子与亲戚朋友走动，并且告诉他要懂礼貌讲礼节，要会称呼主人家里所有的人，不要让孩子在屋里

乱跑、吵闹，不要让孩子随意翻动主人家的抽屉、柜子，更不能让孩子随便讨要主人家的糖果、玩具等物品。但孩子毕竟是孩子，万一孩子做错了事或失态的时候，要耐心地教育，引导他改正错误，并向主人致歉，切不可在主人面前对孩子大声训斥，厉声责骂，甚至殴打孩子，惹得孩子大哭大叫，使主人尴尬，四邻不安，这也是十分失礼失态的。

3.告诉儿童几点做客礼仪

第一，要选择适宜的拜访时间。走亲访友前要了解主人是否有时间，可以事先沟通，双方约好做客时间。

在事前沟通时也应选择适当的时间，如假日的下午或平日的晚饭后为宜，应尽量避开吃饭、午睡、主人家最忙碌的时间，如果晚上访友不要去得太晚，更不要在主人临睡的时候去拜访，以免影响主人及家人的休息。

第二，到达主人家，不能破门而入。有时候主人家门是开着的，但即便如此也不能直接进入，而应该先按门铃或者敲门，让主人知道你来访，听到主人允许或者招呼后进入，进屋后，见了主人家里的人，不管熟悉与否，都要与之一一打招呼，微笑点头致意或握手问候。

第三，进屋之后不要贸然就座。如果有人引你到客厅稍候主人，要站着等候，待主人出来招待后再坐下，如果主人是位长者，自己不能先坐，待长者坐下后再坐下，如有其他客人在场，可先在一旁坐一会儿，不要随意打断人家的谈话。

第四，在亲戚朋友家里，要注意言行举止。尽量做到举止彬彬有礼，即使是关系亲密的亲戚朋友也不要太过随便，但如果是同龄的玩伴，而且双方已经不介意，那么自然可以随意一些，这都另当别论。

第五，告辞也要讲究礼节。走亲访友还要讲究告辞礼节，告辞之前不要显出急着要走的样子，以免使主人误以为你待得不耐烦了，一旦提出告辞，只要不是主人诚意执着地挽留，就应该起身向主人道别，对主人的家人及在座的其他朋友致意道别，如主人送你出门，你要走出几步，或在街巷拐弯处，回过身来说"请回""请不要送了，谢谢""请留步""好了，再见"，不可把人家甩在后头，头也不回地大踏步昂首而去；也不能和送行的人说个不休，让人家陪你。

如果是人多的聚会而你要早走一步，不可大声道别，以免惊动所有人为你送行，只要悄然地向主人告辞，并表示歉意，如果被其他客人发现，可以轻声地个别道别。总之，提前告辞不能引人注目，以免使其他人以为他们也该走了而煞了风景，影响人家的兴致，如果给亲友带来礼物，告辞之前把礼物拿出来，向主人说明心意即可。

儿童需要学习的春节拜年礼节

春节是我国最为重要的节日之一，而拜年是很传统的风俗习惯，家家户户都会到亲戚家拜年送祝福。在拜年的时候，父母少不了带孩子走亲访友、外出游玩，此时正是对孩子进行礼仪教育的大好时机。那么，孩子在春节拜年时应该注意哪些礼节？

1.礼貌地与人打招呼

春节期间，亲朋好友之间走动是常有的事，无论是客人到访还是到别人家做客,孩子碰见客人如果默不作声、不称呼的话,显得很不礼貌。要解决这种尴尬场面,父母最好提前教导孩子该怎样称呼将要见面的客人,事先排练一下,这样孩子称呼起来就很自然了。

通常来说,我们要教会孩子使用常用的称呼,像"叔叔""阿姨""伯伯"等,还应该教会孩子说"恭喜发财""恭贺新年""岁岁平安"之类的吉祥话。毕竟春节是喜庆的节日,孩子这样的称呼会给亲戚朋友留下较好的印象。

2.客人来拜年,让儿童学会主动招待

家中有人来访,可以让孩子自己去开门迎接客人,当孩子把客人领进门后,应该礼貌地请客人坐下。招呼客人坐下后,孩子可以与爸爸妈妈一起招待客人,为客人准备饮品,点心等,学做一些力所能及的事情。

其中,需要注意的是,孩子可以自己做自己喜欢的事,但是客人在和父母谈话时,他不可打岔,这会显得很不礼貌。

而客人离开时,孩子也应和父母一起欢送,并邀请客人下次再来。

3.告诉儿童注意细节,这些行为不能有

如果去别人家作客,家长要教育儿童,拜访他人要带些小礼物,不可两手空空,到达主人家后,要先敲门,不可破门而入,见到主人要主动问好。

进入屋内后,不要随意弄乱主人家的物品、摆设,更不能在主人家的床、沙发上上蹿下跳，如果觉得主人家的某件物品很有趣，可以先问询主人的意见，等主人同意后才可以拿出来玩耍，事后要放回原处。

另外，如果主人家也有孩子，家长要告诉孩子，主人家的玩具都是这个孩子的，所以不要与对方争抢，更不要据为己有。

吃完水果和食品剩下的果皮、包装袋等要扔到垃圾桶里，或放到指定的地方，不随处乱扔。

临走时要学会对主人的照顾、款待表示谢意，并邀请主人有机会到自己家里做客。

4.养成良好的餐桌礼仪

这一点，我们在前面已经提及。家长要告诉儿童，要有序入座，先让长辈入座，吃饭时让长辈先动筷子，即使自己很喜欢吃某道菜也不可抢着吃。

取菜时，尽量取自己面前的，不能在碗或盘子里乱拨，够不着的菜可礼貌地请求别人帮忙，不能站在椅子上或者横在桌子上自己够取食物，更不能用手抓。

自己吃完饭后先放下碗，然后有礼貌地对还没吃完的人说："请大家慢用。"

另外，儿童就餐时要注意坐姿，不可东倒西歪、趴在桌子或者瘫坐在椅子上，也不能一边吃一边玩，更不可在席间不打招呼的情况下离席。

无论是吃中餐还是西餐，都要了解各种餐具的使用方法，不要闹出笑话。

咀嚼时尽量控制自己不要发出怪声。不管菜的味道是否符合自己口味,都要感谢主人的招待,不要随意评论菜肴的味道不好。

5.接下红包和零食应有礼

我们都知道,给小孩子发红包是我们春节的一大习俗,对于幼儿来说,得到红包可能由父母代管,而对于儿童来说,他们已经明白逢年过节长辈亲戚会给红包,他们也知道红包里面装的是钱,是可以拿来买东西的。

但其实,如果你告诉他不要当着长辈的面拆红包,他们就能意识到这是不礼貌的行为。

再来,学会接受糖果。春节期间,孩子们都喜欢吃零食,无论在自己家还是别人家里,都要教育儿童吃完零食后,要将垃圾要放到垃圾桶里,不能随地乱扔,养成讲卫生的好习惯。

当然,对于较小的儿童来说,最重要的还是教孩子学会自控,因为孩子哭闹是再正常不过的事了,但出门做客时哭闹是没有礼貌的行为。道理要事先告知孩子,再加上一些言传身教和奖罚制度,儿童其实是能明白的。如果儿童还是无法控制自己的行为的话,就尽量不要带他去拜年。

告诉儿童探望病人的注意事项

现实生活中,相信我们大部分家长都有带孩子看望病人的经历,比如,身边的朋友、同学、亲人患病了,前去探望是人之常情,也是一种礼节,但我们要告诉儿童,拜访病人也是一门艺术,需要他们掌握其礼仪。

航航是一名四年级学生,因为在单亲家庭长大,他很懂事,经常帮妈妈做家务和处理琐事,现在的他俨然是一名小男子汉了。

航航妈妈是一名销售经理,经常在外地出差,周五晚上在外地出差的妈妈打来电话说,她的一个同事因为肿瘤动手术了,而自己回不来,叫航航代她去看看这位同事。

航航很懂事,带了礼物来看这位叔叔,表现得也很好,但是航航在病房看见一个跟自己差不多大的女孩,应该是这个叔叔家的亲戚,她一直在滔滔不绝地说话,当时,航航明显感到刚动完手术的叔叔需要休息,有点不耐烦了。

过了会儿,护士阿姨走进来,说:"请不要大声喧哗好吗?病人需要休息。"女孩这才停了。

这里,航航看到的这个女孩在探望病人时的表现就是失礼的,俗话说"好人不知病人痛",探望病人,首先就要关心对方的身体状况,尽量为对方多考虑,不要叽叽喳喳说个不停。

同样,我们在教育孩子时,也要让孩子掌握一些探望病人的礼仪，避免贻笑大方。为此，我们可以告诉孩子，需要注意几个方面。

1.探病前的准备

这里的准备指的是你要对你所探望的病人有个基本的了解，比如，对方得的是什么病、治疗情况以及病人的心情等。

再比如，如果对方刚做完手术不久，那么此时必定是十分虚弱的，医院也不允许他人探望，你就不能贸然前往。

还有，你要探望的病人住在什么医院，具体到什么科室，什么病床号等，都要事先了解。

探望最好尽量避开病人休息、用餐和医疗的时间。如果病人在家治疗养病，则应该在午休之后去探望为好。

再次，要准备一些礼品送给病人。

2.探望时间

一般来说，病人比正常人更需要休息，因此，尽量不要在早晨、中午以及深夜探访，探望病人时，还要考虑医院的规定时间，最好也不要打扰到其他病人休息。

在时间长短上，最好选择十五分钟左右，不要滔滔不绝说个不停而忽视病人的身体情况。

还有在探望前，你最好先电话预约，贸然前往很有可能失礼，或者空跑一趟。

3.探病时候的言行

探望病人时，无论是在言语还是行为上，都应表现出你的关切之情，而看到那些医疗器械，不可大惊小怪，给病人带来压力。

与病人谈话，一般会先询问病人的病情，此时，你不可眼神游离，要认真倾听、表达关心，尽量说一些能宽慰病人心情的话，还要鼓励病人，使其有勇气战胜疾病。

在结束探望时，要从健康的角度考虑，要说些礼貌的话，并让病人安心休养、祝福其早日康复！

我们要告诉儿童，探望病人，最基本的礼仪是了解探病的时间，不宜太早或太晚。然后应尊重病人，一切以病人的休息为主，以免影响其作息。最后是遵守病房规则。这些都是需要注意的，我们去探病应该给病人带来关怀和祝福，而不是增添麻烦。

探望病人应该送什么礼

前面,我们已经谈及在礼仪教育中,培养儿童拜访礼仪尤为重要,其中就有拜访病人的礼节,空手去看望病人并不合适。但探望病人所带的礼品更是有讲究的,因为病人存在一些忌讳,最好送那些实用并且考虑到病人身体情况的礼物。

目前,探病的礼品大致有鲜花、水果及食品之类的东西,其中以水果和鲜花为主,尤其是鲜花为最佳。

那么,探望病人时送鲜花和水果有什么注意事项呢?

鲜花是吉祥、友谊、美好、幸福的象征,它能让人产生美感,更能给病人带来愉悦的心情。但送花也有讲究,最好送那些花香淡雅的花,味道浓郁的花可能会让病人头晕。

刺玫瑰(象征优美)、杜鹃花(象征节制)、深红色的天竺葵(象征安慰)、松雪草或山楂(象征希望)、紫罗兰(象征青春长驻)、睡莲(象征心中纯洁)、棕榈(象征胜利)等都是比较合适的选择。另外,一定要注意不要送纯色的白花。

送鲜花要注意花粉的影响,因为花粉本身含有一些过敏的抗原物质,可以引起许多过敏反应,如果病人患有过敏性鼻炎、过敏性荨麻疹、血管神经性水肿、过敏性哮喘等疾病,以及产科、烧伤、外伤、刚动过手术的病人都不宜接触花粉。

另外,鲜花底下栽培的水或者营养泥都是滋养细菌的温床,鲜花萎缩以后也容易沾染一些腐败菌,造成空气当中腐败菌的传播，这些都会对病人产生影响。

水果营养丰富，病人往往都很需要。但是买什么水果好呢？可以根据病人的病情来选择。

一般来说，苹果多数病人均可食用。它含钾较多，吃它可以开胃，对高血压者能帮助降压。

香蕉含有维生素A、B、C、E，适合于便秘病人，更宜于老年人，但高血压病人则不宜多吃香蕉。

桃内含有苹果酸、柠檬酸和维生素C，如给病人送些罐装蜜桃，能帮助病人调整消化道的功能。

橙子有治风热咳嗽的作用。杏有止渴、定喘、解瘟的作用。

梨有清热、止咳、平喘等作用，对麻疹、慢性支气管炎、高热、半身不遂等患者尤其相宜。

山楂适用于腰痛、高血压、冠心病或动脉硬化患者。

除了鲜花和水果外，你还可以送一些补品。这更要视病人的身体情况，如可以送产妇鸡蛋、鸡、鱼、虾等食物。对于产后出血较多的产妇，可送猪肝、桂圆、红枣等。

对于肝炎病人，可送些新鲜的水果或营养丰富的鸡蛋、鱼、麦乳精、蜂蜜等，对于慢性肝炎病人，最好送甲鱼。

探望外科手术后和骨折的病人，可送些肉骨头、鸡蛋、奶粉、水果等。

探望糖尿病病人，不能带各种糖果、甜点、水果、果露汁等含糖品。

探望高血压、动脉硬化症的病人,可送山楂、橘子、蜂蜜等食品。

探望肾炎病人,不宜送含有动物蛋白质的食物,如肉、鱼、蛋等。

探望胃病和十二指肠溃疡病人,不宜送杨梅、橘子、糟鱼、奶油蛋糕等含刺激性的食品。

探望胆囊炎、胆石症病人,不宜送老母鸡、蹄膀、油炸和含油量较多的食品。

让儿童记住以上这些探望病人时的送礼规则,基本不会出差错,也能送出心意,达到让病人心情愉悦的目的。

第08章

儿童接待礼仪：教导孩子让他人宾至如归

日常生活中，人与人之间有交际就有迎来送往，亲戚朋友们之间相互走动是再正常不过的事，有做客就有待客，在家庭中，让儿童学会接待客人，是培养儿童良好礼仪的重要时机，那么，如何让儿童做好东道主呢，接下来我们在本章中一一进行分析。

儿童礼仪课

教育儿童做个热情好客的小主人

在日常生活中，有人际交往就有迎来送往，因此，我们的家中经常会有客人来，面对家中有来客的情况，可能不少父母会这样打发儿童："你自己玩去，妈妈（爸爸）要陪客人。"而此时，孩子会自顾自地一个人玩，久而久之，如果爸爸妈妈不在家，客人突然到访，孩子就手足无措，而一些有心的父母会借此机会培养儿童待人接物的能力，让孩子参与到招待客人的活动中。长此以往，孩子便能掌握接待客人的礼仪，也就能做到落落大方地与人沟通和交往。

我们先来看看下面的案例。

芳芳今年五岁了，是个可爱的小女孩，她的爸爸是公司领导，因此，家里周末经常有客人来，芳芳并不喜欢，每次有客人来时，她都表现得比平时反常，要么纠缠着妈妈不放，要么就和妈妈闹别扭，而有客人在场时，妈妈也很难堪。不过后来的一次经历，改变了妈妈的看法。

有一天，同事带了女儿来家里，妈妈还担心女儿又闹别扭，但她走进女儿房间一看，发现芳芳和这位小朋友玩得很开心，原来这个小朋友很活泼，她主动问芳芳在学校都有什么趣

事，芳芳很高兴地跟她讲述着，后来还拿出自己的很多"宝贝"给她看。

看到这一幕，妈妈才突然发现，原来以前芳芳不喜欢别人来做客，是因为家里来了客人，她就被晾在一边，好像和自己没关系一样。

妈妈知道这一点后，每次家里再来客人，就让芳芳和自己一起招待，而且让女儿大胆地在客人面前表演最新学的舞蹈、歌曲等，大家都对芳芳的表现赞赏有加，得到肯定后的芳芳表现得更好了，而且，后来在有客人来的时候，芳芳还主动拿水果和点心给客人，妈妈甚至完全可以把客人交给女儿招待了。

不少家长可能也和案例中的芳芳妈妈一样，发现孩子在平时表现还不错，但只要家中有人来做客，他们就表现得一反常态，比如没有礼貌、纠缠父母、和小客人争抢零食和玩具，甚至胡闹等，这些会让家长头疼，让客人尴尬。其实，这些儿童的失礼行为可能是故意为之，就是因为他们没有把自己当成主人，从小让孩子主动待客，并告诉他待客的礼仪，让孩子做一个有礼貌教养、热情大方的人，那么儿童就会受到欢迎，会得到别人的邀请，还有机会结交更多的小朋友。

具体来说，我们可以做到以下几点。

1.将儿童郑重介绍给客人

把孩子郑重地介绍给客人是对儿童的一种尊重，同时，也能让自己意识到自己在家庭中的重要性，进而发挥主人翁精神而去招待客人。

还可以向客人强调孩子的优点,鼓励儿童与客人交流,进而让儿童自己摸索如何与客人相处。

2.鼓励儿童和客人互动

家中可以陈列一些照片,或者儿童的手工作品等,让儿童为客人讲解,继而促使儿童与成人之间大方交流,平时注意收集宝宝感兴趣的卡通片、故事角色、近来爱玩的小游戏,这样才能准确无误地找到宝宝喜欢的话题,让宝宝不会抗拒和客人一起交流。

3.家长招待客人也别忽略儿童

不少家长都认为客人来了,让孩子一边玩去就可以了,其实,即使孩子还小,无法招待客人,也不能忽视了孩子,我们在招待客人的间隙问问孩子,可以向他传递这样的信息:"客人很重要,但你也很重要,爸妈并没有置你于不顾。"

4.某些话题可以让儿童来参与

客人来访,在谈到某些话题时,其实我们也可以引导孩子来参加,征询一下孩子的意见,比如,聊到应不应该让学龄前的孩子上网,或者带四岁以前的孩子进行长途旅行……这些问题时,当然是同龄人最有发言权。

让儿童参与到成人之间的对话,不仅能提升儿童的语言能力和交流能力,还能训练儿童的勇气以及不怯场的大方风度,也同时解决了大人相谈甚欢时孩子的孤寂感。

相信经过父母的耳濡目染,儿童就会成为懂礼貌的小主人,以后也能很好地与别人沟通和交往。

告诉孩子用真诚和热情接待来客

我们都知道,迎来送往是交际应酬中一个必不可少的环节,待客之道也是一门为人处世的艺术,我们成人在对儿童的礼仪教育中,也要学会让儿童主动招待来访的客人,让客人真正感受到宾至如归,这是现代礼仪对成长中的儿童的重要要求。

的确,日常生活中,我们在家中或者一些其他场合,难免有客人来访,而此时就是锻炼儿童良好礼仪的重要机会,是否懂得待客之道,关系到儿童以后的人际关系的好坏。我们要告诉儿童,真诚是待客乃至待人的首要前提,俗话说得好,"千里送鹅毛,礼轻情意重",待客之道也是如此。相反,重金诱惑下的虚情假意也会让他人格格不入。

家庭教育中,我们要告诉儿童接待客人是一门艺术,要有正确的心态,并掌握接待客人的礼仪要点。

1.接待客人

迎接客人时,孩子要衣着整洁,不能衣衫不整。要是客人在吃饭时来访,孩子应该放下碗筷,主动站起来迎接。如果正在躺着休息,要马上起来表示歉意。在开门时要面带微笑。

客人进屋后，请客人入座，让孩子倒上一杯温开水，或者端上一些水果，表示主人的热情。不要冷落了客人。当然，真诚最重要。若是客人初次登门拜访，在把客人介绍给家人的同时，也要把家庭成员向客人简单地逐一介绍。如果是常客，说话要自然，过分客套反而使人不自在。

和客人交谈，最好是挑些轻松愉快的话题，万一不小心触及客人的伤心事，则要立即致歉并给予适当的安慰。

从卫生角度考虑，茶具最好有所讲究。泡茶要用壶，茶杯要有柄，不要用无柄的茶杯，以避免手与杯体、杯口触碰。留客人吃饭时，为客人夹菜似乎很正常，其实这是很不卫生的。如果主人想表示好客之意，应使用公筷、公勺夹菜舀汤，千万不要用自己的筷子去夹。

2.和客人告别

客人告辞时，应该以礼相送。有些家长作为主人时，根据来客的身份不同，接待方式会有很明显的不同，其实这是很不正确的，不管是怎样的客人，都应该礼貌对待，这样才能体现出修养。

我们还应告诉儿童，送客时要态度真切自然，不要草率或者应付，对每一位客人都应该照顾到，但可以适当掌握程度，要使客人有种值得留恋和友谊珍贵或是得到尊重的优越感。用语可以说普通的"再见""慢走""欢迎下次光临""以后还请继续指教"。如果与对方关系密切的某位没来，还可在临走时说一句"下次可要带某某来哦。"对于初次来的客人,要周到细致,比如介绍附近的交通、住宿,或是叫熟客接送等。

我们要告诉儿童,接待客人是一门艺术,细节决定了交际应酬的成败,让儿童学会接待的艺术,能让儿童一下子和客人拉近距离,能提升儿童的社交能力,进而为他日后的社交奠定基础。

告诉儿童有礼节地接待客人,先要准备充分

在家庭生活中,迎来送往是常有的事,所以我们成人经常需要接待客人,而同样,作为家庭成员的孩子,也要尽量做到有礼节地招待客人,给人留下美好的印象。而为了防止孩子在这一点上失礼,我们可以事先告诉孩子如何接待,做好准备工作,让孩子从容应对客人的到访。

我们先来看下面的案例。

琪琪的妈妈是位有心人,她深知培养女儿待人接物能力的重要性,为此,当琪琪开始上小学一年级时,她就有意识地让琪琪接待来访的客人。

最近,老师要来家里做一次家访,妈妈心想,如果女儿能谈吐大方、彬彬有礼地与老师交谈,对于提升女儿的自信是十分有帮助的。

不过,妈妈担心女儿毕竟还小,如果不给予指导的话,可

能还是会手忙脚乱，所以，老师来的前一天，她就告诉女儿，老师要来家里做家访，希望她来做这次接待的主人，这样是为了让女儿有个心理准备。其次，她告诉女儿，老师来了之后要热情打招呼和迎接，将老师引进客厅，然后问询老师的口味，要为老师准备茶点。最后，明确老师家访的目的，与老师大方交流，而这个过程中，父母也会接待，但主要接待任务还是交给她。

琪琪果然没有让妈妈失望，老师第二天做完家访告诉她，琪琪是个很懂事乖巧的孩子，而且才只有七岁，就能如此待人接物，确实很难得，听到老师这样的赞美，琪琪更开心了。

这里，琪琪妈妈对女儿的礼仪教育可谓是用了心的，让儿童做接待客人的小主人，并告诉孩子做足准备工作，不但给予了孩子实践的机会，也避免孩子因经验不足而受挫，是对孩子接待客人的最好历练。

在现实生活中，不少父母感叹，家里来了客人，孩子要么是态度冷漠，表示不欢迎；要么就躲在一旁，客人跟他讲话时表现得拘谨、胆小，态度不自然或者就非常兴奋，以"人来疯"的方式引起客人对自己的注意。而其实，这些都是父母没有教会孩子应对客人的方法，那么，我们该怎样教孩子接待客人呢？怎样利用这个机会培养孩子的交往能力呢？

1.心理准备和物质准备

在父母知道有人要来拜访时，就应提前告诉儿童，将会有什么人要来家里做客，是来干什么的，与父母的关系是怎样的，应该如何称呼等，让孩子了解这些，是为了让孩子在接待客人时有个心理准备而不至于手足无措。

其次，我们还应让孩子做好物质准备，比如，让他学会准备一些饮料、糖果、点心，或为小客人准备玩具、图书。与儿童共同创造一种迎接客人来到的气氛。

2.客人拜访时的准备

我们父母除了在平时对儿童的言传身教外，还要从口头上告诉儿童该怎么做，如当客人出现时，提醒儿童要热情招呼对方，要请客人进屋坐，请客人吃点心等。

如若来的是小客人，要招待小客人吃零食、喝饮料，拿自己的玩具或者图书与小客人一起分享，或者请小客人参观自己的卧室，参观自己的小"作品"等。

鼓励或教儿童与客人交谈，必要时提供帮助。如果儿童有弹琴、绘画等特长，可适当地鼓励孩子为客人表演。

另外，我们在让孩子做准备工作时，要了解儿童的特点，切忌让儿童干他不愿意干的事，如果儿童本来就胆小懦弱，但你硬是让儿童接待客人，儿童因为紧张而说错话、做错事，结果会使儿童更加怯弱胆小，对客人更加冷漠。

而对"人来疯"的儿童，家长切忌在客人面前训斥或打骂，应设法让他暂时离开，待其冷静后再让他和大家在一起。

客人走后，及时对儿童的表现作评价，肯定他好的表现，指出他不足的地方和改进的办法，使儿童逐步提高待客的能力。

如何引导孩子与小客人友好相处

在生活中，经常会有小客人来访，比如，朋友带着自己的孩子前来做客，或者孩子的小伙伴上门来玩。对此，很多父母认为这是件好事，可以让孩子多一个玩伴，而孩子却不这样认为，因为出现了一个与自己争抢玩具和美食的人，也许还会分享父母的爱。所以，对于不少孩子来说，小客人的来临对于他们来说是一个"外敌"。

教育心理学家分析，在家庭生活中有小客人的造访，可能让孩子出现两个问题。

第一，儿童不愿意和小客人分享物品。一些父母认为，孩子不欢迎小客人是自私自利的行为，也为此头疼不已，然而对于7岁以前的孩子来说，他们的道德认识是直观的，并没有责任感。因此，我们不能以成人的眼光看待年幼的孩子的行为，更不能用道德标准去评判孩子，然而即便如此，我们还是要对孩子的这些不愿意分享的行为进行引导和干预，不能任由孩子的自私天性发展下去。否则，等孩子长大后，他们便会以自我为中心，自私自利以致难以与人和谐相处。

第二，儿童因为父母关注小客人而吃醋。在家里来了小客人时，大人难免会提到这位小客人，对这个孩子夸赞一番，而此时，我们的孩子就会吃醋，其实这种心理的产生是因为缺乏安全感，这一点在儿童的成长阶段是很常见的。

对于年幼的儿童来说，他们的心理还没有发育成熟，对于成人的行为也无法理解，所以，只要看到父母对某个小朋友好，夸赞某个小朋友，就认为自己会失去妈妈的爱，自然就会吃醋。

然然今年四岁了，倒也听话，但就是不愿意与人分享，这一点让她的妈妈很头疼。

然然父母的兄弟姐妹很多，家里亲戚也就多，然而，然然有个不好的习惯，那就是每次家里来了小客人，她都把自己的零食和玩具藏起来，生怕妈妈拿给其他小客人。而如果妈妈非要拿的话，她就又哭又闹，让在场的客人们十分尴尬，妈妈看到又气又恨,已经几次打了然然,但然然还是屡教不改,现在看到其他小朋友来,甚至把房门关起来不让他们进来了。

妈妈觉得有必要好好纠正一下孩子了,所以有一次,妈妈说要跟她玩个游戏,然然欣然答应了。妈妈当主人,而然然当客人,当然然想要玩布娃娃时,妈妈拒绝了,并称这是妈妈的玩具,然然要了三次,妈妈拒绝了三次,然然很生气,妈妈这时说:"平时家里来了小朋友,你不也是这样对待他们的吗?其实他们也很难过啊,要是你愿意把玩具借给他们玩,大家不都很开心吗?"然然马上去把她最喜欢的芭比娃娃拿出来,递给妈妈。妈妈也很愉快地把新布娃娃借给她玩。

在这次引导之后,然然的情况好多了,家来再来了小客人时,她也豁达多了,也愿意把新玩具给小客人分享,就这样,然然成了亲戚的孩子们中最受欢迎的一个。

然然妈妈的教育方法值得我们借鉴,具体来说,我们该如何引导孩子和小客人和睦相处呢?

1.树立孩子的主人翁意识

儿童不愿意跟小客人一起玩,不愿意分享,是因为他们的主观意识不强,认为家里来了客人与自己无关。而我们需要让孩子明白,他也是家里的一分子,家里来了客人,他也应该发挥主人翁精神招待小客人,而且分享并不是失去,反而能获得友谊。

2.妈妈在接待小客人时,最好让孩子加入进来

给小客人找玩具或图书时,不妨请孩子帮忙,说:"宝

宝，去找个玩具，和××一起玩好吗？"并记得及时肯定孩子的表现。

如果来的客人很小，妈妈要给小客人喂饭，就可以让孩子帮忙，这样他也会很高兴。如果孩子做得很好，就可以夸赞他："你真是个好哥哥。"他会很骄傲的。小宝宝睡着了，可以提前告诉大宝宝："小弟弟睡着了，你帮妈妈轻轻地把门关上好吗？"如果孩子帮忙了，夸宝宝："宝宝真懂事。"

3.不要拿孩子和其他人比较

当小客人来临时，家长不要拿小客人与自己的孩子对比，比如"你要是有别人的一半好，我就谢天谢地"，这样的话只会伤害孩子的自尊心。而且，你越是比较，越是刺激孩子的不平衡心理，下次当这个小客人来做客时，他只会产生更反感的情绪。

当父母发现儿童不高兴时，应说一句："我家的宝宝也很厉害啊，在……方面就很棒。"这句话能安慰孩子，抹平他心里的坏情绪，让他知道爸爸妈妈是公平对待宝宝的，不会厚此薄彼。

总之，我们教育儿童接待小客人，不但是要让儿童学会接待礼仪，更重要的是希望他能明白，有些事物是不能独占的，分享才会获得友谊。但对于儿童不能分享的行为，我们也不必焦虑，因为孩子随着年龄成长而活动范围扩大，人际关系日益复杂，他会慢慢学会关心别人和与人相处。

参考文献

[1] 纪亚飞.纪亚飞教孩子学礼仪［M］.北京：中国纺织出版社，2016.

[2] 蒋佩蓉.佩蓉教孩子学礼仪［M］.北京：台海出版社，2016.

[3] 郭芳茹.孩子学礼仪的第一本书［M］.北京：中国华侨出版公司，2012.

[4] 纪亚飞.最好的礼仪教养在家庭［M］.北京：中国纺织出版社，2018.